KB273819

성균관
유생과
반촌
사람들

조선의
대학로

조선의 대학로

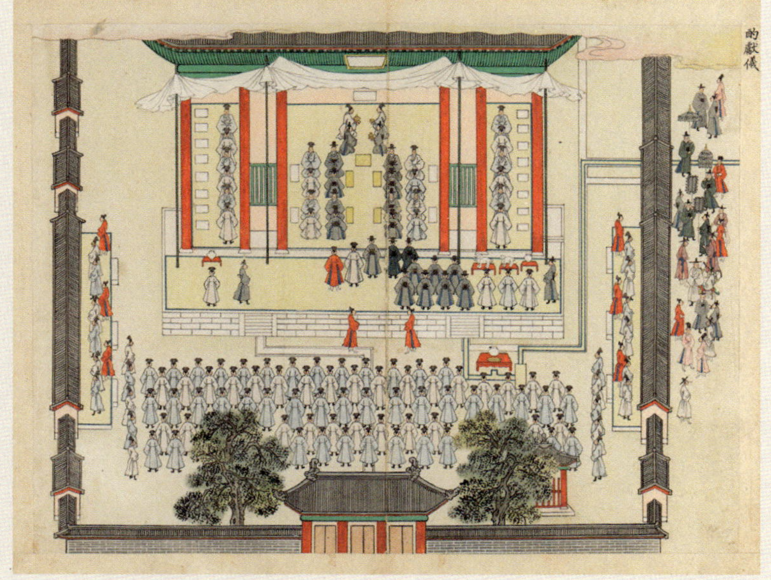

안대회 지음

문학동네

은행 열매가 떨어지고 잎이 노랗게 물들기 시작한다. 은행잎이 노란빛으로 빛나는 이 무렵 성균관과 성균관대 교정은 가장 아름답다. 올해도 어김없이 명륜당 마당에 선 우람한 은행나무는 찬란하게 물들었다가 질 것이다. 그 앞을 지나는 즐겁고 고즈넉한 출퇴근 길을 20년째 이어왔다. 저 은행나무는 15년 가까이 대사성으로 근무한 윤탁尹倬이 1519년에 심고서 "뿌리가 깊으면 가지와 잎이 반드시 무성해진다"며 유생을 격려한 그 나무이다. 500년이 넘도록 성균관의 역사와 이곳을 오갔던 인물을 한자리에서 고스란히 지켜보았으니 그야말로 이 지역의 살아 있는 증인이자 역사이다.

혜화역에서 학교로 출퇴근하며 명륜동과 혜화동, 대학로 일대는 일상의 중심지가 되었다. 이 지역은 20세기 이후 경성제대와 서울대학교가 있었기에 대학로라는 명칭을 얻었다. 조선 왕조의 유일한 교육특구인 숭교방과 현재의 대학로가 이어졌다. 600년 넘게 한자리를 지킨 대학 교정에서 교수 생활하는 것은 큰 행운이다. 자연스럽게 성균관과 유생, 반촌과 반인에 흥미가 생겼고 이를 추적해보고 싶어졌다. 하지만 조선 후기 문화와 문학을 공부하면서도 성균관과 그 역사는 물론, 대학로 지역의 현황에 대해 알기 어려웠다. 그동안 연구가 충분히 이뤄지지 않은 탓도 있다. 옛 문헌을 읽으면서 그 역사와 문화에 관련된 기록이 보일 때마다 메모를 해두었다. 그리고 성균관 안팎과 대학로, 명륜동, 혜화동 여기저기에서 옛 모습을 추적하였다.

도로와 골목의 구조가 20세기 이후 많이 바뀌었으나 사라진 장소를 찾아 확인할 수 있었다. 도서관 주변에는 벽송정이 있었고, 후문으로 내려가면 거기가 포동이다. 대학교 정문 앞에는 문묘로 들어오는 향석교가 놓여 있었고, 맞은편에는 정신국을 기리는 정려문과 호성사가 있었다. 혜화로터리 부근 아남아파트 단지는 사라진 사현사의 위치 그대로였다. 반수의 물길과 다리를 복개된 길 위에서 찾기도 했다. 혜화역 3번 출구의 종로소방서 연건119안전센터 주변에는 장경교가 있었고, 그 부근은 『북학의』를 지은 박제가의 집이었다. 또 그곳은 남이 장군의 집터이기도 했는데 반인 열두 가구가 이곳에 거주하면서 채소밭을 일궈 성균관 식당에 채소를 공급하였다. 서울의 사대문 안이 대개 그렇듯이, 대학로 일대는 한 곳 한 곳에 모두 수백 년 역사의 흔적이 켜켜로 쌓여 있다. 알면 알수록 지식은 늘어갔고, 흥미는 더해졌다.

조금씩 알아가던 지식을 책으로 엮은 데에는 두 가지 계기가 있었다. 하나는 2019년 서울역사박물관에서 발주한 '성균관과 반촌'이란 주제의 기획 연구에 책임자를 맡은 것이다. 나는 성균관 마을인 반촌과 그 주민인 반인을 집중 조사하였다. 다른 하나는 대동문화연구원 원장으로서 1820년에 편찬된 반인의 시선집 『반림영화』를 영인 복제하는 일을 추진하는 일이었다. 이 또한 같은 해 진행됐기에 평소 관심을 가진 공간과 문화를 두루 조사하고 원고를 완성할 좋은 기회였다. 그러나 기간이 짧아서 충분히 연구할 여유가 없었다. 그로부터 몇 년을 두고 자료를 더 모으고 더 많은 공간을 답사하여 대폭 수정하고 보완해 한 권의 독립된 단행본으로 출간한다.

성균관이 있던 숭교방은 대학가라는 이름에 정확히 부합하고, 대체로 현재의 명륜동과 혜화동, 대학로 일대 마을이다. 이 책은 조선시대 특유의 대학 문화가 어떤 모습이었는지를 스무 개 주제로 나누어 간명하게 보여주고자 노력하였다. 성균관과 반촌을 설명하면서 성균관보다는 반촌에, 유생보다는 반인에 더 초점을 맞추었다. 성균관과 유생은 반촌과 반인 없이 존재할 수도, 이해할 수도 없다. 글을 쓰는 과정에서 현재의 대학가 및 대학 문화와 비교하고, 현재의 지역 공간을 겹쳐보면서 설명하고자 했다. 독자들이 이 책을 읽고 성균관과 대학로 일대를 걸어본다면 조선시대 대학가의 옛 자취를 곳곳에서 만날 수 있을 것이다.

2025년 11월

성균관대학교 퇴계인문관 연구실에서

안대회

3부 반촌은 어떻게 움직이는가

4부 반인의 흥망성쇠

임금께서 문묘文廟에 참배하기 전날 명륜당에서 하룻밤을 주무신 뒤 보여步輿를 타고 벽송정碧松亭에 오르셨다. 네댓 명의 근신近臣이 수행하였다. 봄기운이 무르익어 반수泮水 동쪽과 서쪽의 인가에는 꽃과 버들이 한창이라 멀리서 보니 그림과도 같았다. 임금께서 미소를 머금고 하교하셨다.

"경성에서 반촌보다 아름다운 기운이 듬뿍 서린 곳은 없다. 학문을 연마하기에 알맞은 곳이다. 그런데 땅에는 이처럼 문명의 기운이 서렸건마는 인재가 배출되지 않고 문풍을 크게 떨치지 못하니 무슨 까닭일까?"

이어서 또 하교하셨다.

"벽송정에는 옛날에 소나무가 빽빽하였으나 이제는 수십 그루밖에 없다. 벽송정이라 이름을 붙인 의미가 없다."

단壇을 쌓고 좌우에 아름다운 소나무를 심어 더 울창하게 보이도록 하라

고 대사성에게 명하셨다.[1]

정조 14년1790 2월 25일 임금이 공자를 모신 문묘에 가서 예를 표한 뜻깊은 날의 에피소드다. 정조를 수행했던 규장각 학사 이만수李晚秀가 보고 들은 내용을 글로 적어 남겼다.

『정조실록』에는 이날의 행사를 자세히 기록하고 있다. 하루 전날 정조는 명륜당에 행차하여 문묘 안 사당인 계성사啓聖祠에 술을 올리고, 이어서 많은 유생을 불러 시험을 치렀다. 저녁에는 명륜당 마당에 음식을 차리고 수행한 신하들 및 유생들과 함께 만찬을 즐겼다. 명륜당에서 잠을 자고 이튿날 문묘에서 공자 신위에 술을 올린 다음 벽송정에 올랐다.

벽송정은 현재 성균관대학교 도서관과 교수회관 일대에 자리했던 소나무숲이다. 정자가 실재하지는 않았다. 소나무숲이 마치 정자처럼 그늘을 드리운다고 하여 붙인 이름이다. 벽송정은 성균관을 상징하는 장소로, 세종 9년1427 2월 2일에는 임금이 명령하여 성균관 주산主山에 소나무를 심었다는데 이 주산이 다른 데가 아니라 벽송정이다. 1481년에 완성된 『동국여지승람』에도 이미 "명륜당 북쪽에는 만 그루 소나무가 빽빽하고 울창하여 벽송정이라 부른다"라고 하였다. 이처럼 오랜 역사가 서려 있고 지대가 높으며 키 큰 소나무가 빽빽한 숲 언덕인 벽송정에서 정조는 성균관과 그 주변 마을인 반촌 일대를 둘러보면서 풍경이 아름답고 기운이 상서로워 인재를 양성하는 학교 자리로는 최적이라고 감탄하였다.

성균관과 반촌의 빼어난 입지를 칭찬한 것은 정조로만 그치지 않았다. 조선에 온 중국 사신 김식金湜 역시 성균관의 터가 좋다고 극구 칭찬하면서 인재가 배출되는 땅이라고 했다.[2]

풍수지리에 밝은 사람이 한 이 말에 사람들은 공감도 하고 자부심도 느꼈다. 국왕이 명륜당에서 하룻밤을 묵는 일은 정말 보기 드물었다. 정조는 작정하고 성균관을 찾아 문묘에 참배하고 유생을 격려하였다. 정조가 벽송정에 직접 오른 일은 공식 행사 뒤에 진행되어 『정조실록』에는 기재하지 않았다. 그러나 역사적으로 뜻깊은 풍경의 하나로, 반촌과 벽송정이 지닌 위상을 보여준다.

웅봉에서 뻗어내려온 산줄기가 벽송정 일대에 성균관 자리를 만들었고, 성균관을 둘러싸고서 반촌이라는 마을이 형성되었다. 지금의 명륜동과 혜화동, 그리고 대학로 일대다. 1726년 늦은 봄, 성균관을 향해 걸어가던 진사 유언협兪彦協, 1686~1742은 이렇게 썼다.

내가 언젠가 홍화문[돈화문]을 거쳐 배오개梨峴를 넘어서 반수의 동쪽과 서쪽 마을을 멀리서 바라보았다. 기이한 산언덕으로 둘러싸였고, 숲에는 나무가 울창하였으며, 모래는 희고 땅은 깨끗하여 가슴을 시원하게 만들었다. 그 사이에서는 마땅히 세상에 높이 설 만한 인물이 배출될 법하였다.[3]

진사에 급제하여 성균관에서 공부하던 그에게 반촌은 산수의 기운이 아름답고 기이하여 훌륭한 인재를 배출할 만한 길지로 보였다. 정조가 국왕의 시선에서 반촌을 찬미하였다면, 그는 성균관 유생의 시선에서 반촌을 찬미하였다. 인재가 배출되도록 하늘이 나라에 선물한 길지라고 생각하였다. 다음해 그는 문과에 급제하였고 사간원 정언을 지냈다.

한양이 조선에서 모범이 되는 장소라면, 성균관은 그런 한양에서 모범이 되는 장소였다. 그래서 옛말로 서울과 반촌을 '수선首善'의 땅이라 하였다. 반촌은 풍경이 아름답고, 문명의 기운이 감도는 길지로서 인재를 육성하는 성균관이 자리를 잡은 곳이었다. 이곳은 조선시대 유일의 대학가였다.

1부

성균관과 반촌

1장

성균관 마을의 탄생

성균관 마을, 반촌

서울특별시 종로구 명륜동에는 조선시대의 유일한 대학인 성균관成均館 건물이 고풍스러운 자태를 뽐내고 있고, 그 뒤쪽 산자락에는 현대적 건물의 성균관대학교가 자리잡고 있다. 과거와 현재가 조금 어색하게 동거중인 이 일대의 행정구역은 명륜1가, 2가, 3가, 4가 및 혜화동이다. 그 남쪽에는 서울대학교병원이 자리한 연건동과 동숭동, 이화동이 차례로 있는데 혜화역을 중심으로 한 이 일대를 통칭 '대학로'라고 부른다.

대학로는 약칭 '성대'가 자리한 곳이다. 일제강점기에는 경성제국대학을, 지금은 성균관대학교를 '성대'로 부른다. 한자로는 성城과 성成으로 좀 다름이 있기는 하다. 해방 이후 1970년대까지는 여기에 서울대학교가 있었다. 전국의 큰 도시에 대학가가 한둘이 아니지만 서울의 대학로 일대는 국립대학의 위상을 600년 이상 이어 온 으뜸가는 대학가라고 할 수 있다. 이 대학가를 조선시대 말로 바꿔 표현한다면 반촌泮村이다. 명륜동과 혜화동 전체 지역을 20세기 이전에는 반촌이라 불렀다. 여기서 반泮이란 글자는 성균관을 지칭하므로 반촌은 '성균관이 있는 동네' 또는 '성균관 마을'이라는 뜻이다.

반촌은 조선시대 서울의 마을 이름이다. 조선 중기 이후 대한제국기까지 불렸던 역사적 명칭이다. 조선에서는 한양을 건설하면서 성균관과 그 주변 마을에 '교육을 숭상하는 구역'이라는 의미로 숭교방崇敎坊이란 명칭을 부여하여 5부部 43방坊 가운데 유일한 특별 교육 구역으로 설정하였다. 그 이름부터 성균관을 우대하는 취지가 담겨 있다. 숭교방은 국가가 공인한 대학촌이니 20세기 이후 대학로가 반촌에 형성된 것도 우연은 아니다.

조선 초기의 성균관

성균관과 반촌을 이해하려면 성균관의 역사와 기본 구조부터 간단하게 짚고 넘어가는 것이 순서이다. 성균관은 고려 후기에서 대한제국기까지 700년 넘게 유지된 국립대학의 명칭이다. 이전의 대학이던 국자감國子監을 고려의 충선왕이 1298년에 성균감成均監으로 고쳐 불렀고, 1308년에는 이를 성균관으로 고쳐 쓰면서 교육제도를 혁신하고자 하였다. 중국과 고려에서는 이전부터 국학國學 또는 국자감 등의 이름으로 지배층 자녀를 교육하는 국립대학을 표현하였다. 성균감은 당나라 측천무후 때 잠깐 사용한 것 말고는 중국에서

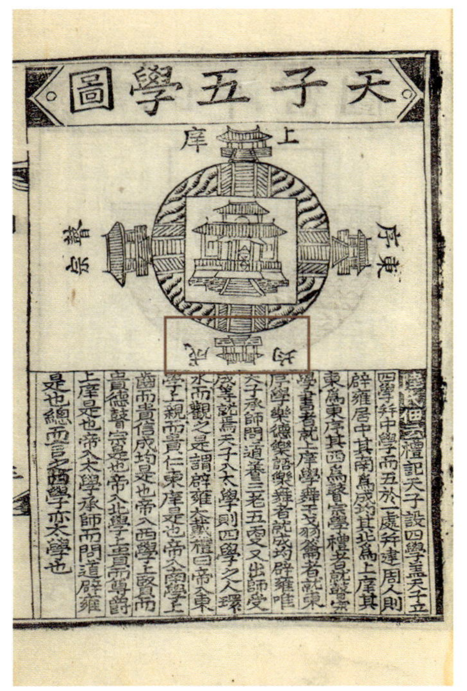

〈천자오학도天子五學圖〉. 제주도에서 간행된 『소학서도小學書圖』에 실린 그림이다. 송파책박물관 소장. 천자의 나라가 보유한 다섯 개 대학 가운데 하나로 '성균(成均)'이 제시되어 있다. 이 책은 원나라 학자 하사신(何士信)의 『소학집성小學集成』에 수록된 도판만을 따로 1책으로 편집하여 초주갑인자로 1518년에 간행하였고, 이후 여러 차례 복간되었다. 아래쪽에 '성균'이란 학교가 그려져 있고, 그 아래 육전(陸佃)의 주장이 기재되어 있다.

는 쓰지 않았다. 즉 성균관은 고려와 조선에서만 장기간 사용한 독특한 대학명이다.

이 이름은 어떤 연원을 가지고 있을까? 송나라 때 육전陸佃이란 학자는 학교 제도를 설명하면서 천자가 운영하는 다섯 개 대학 가운데 남쪽에 있는 대학을 성균成均이라 칭했다. 이는 원나라 때의 생활 백과 도서인 『사림광기事林廣記』와, 마찬가지로 원나라 학자인 하사신何士信이 지은 『소학집성小學集成』에 실려 있다. 충선왕은 원나라의 간섭을 받는 처지임에도 소수 의견인 육전의 주장을 채택하여 대학 명을 국자감에서 성균관으로 개명하였다. 국학이나 국자감은 국립대학이란 일반 명사로서의 의미가 강하지만, 성균관은 음악을 조율하듯 인재를 고르게 양성한다는 철학적 의미가 강하다. 국학이나 국자감보다 성균관이 창의적이고 자주적인 의지를 표현한 대학명인 셈이다.

조선은 건국 바로 뒤인 1398년 개성의 성균관을 한양의 숭교방으로 이전하였으나 조선시대 내내 개성에도 고려 때 성균관 교정과 건물을 보존하여 현재에 이른다. 그러니 성균관은 서울에만 존재하는 게 아니라 개성과 서울에 모두 있다. 성균관은 고려 때에는 유학은 물론이고 율학律學, 서학書學, 산학算學 등 법률과 기술을 함께 교육하여 종합대학다운 성격을 지녔다. 하지만 공민왕 이후 조선시대 내내 법률과 기술을 분리하여 교육함으로써 유학과 문학 중심의 단과대학 성격의 기관으로 변했다.[1]

유생을 교육하는 기관인 성균관은 생원시와 진사시에 합격한 급제자에게 그 입학 자격이 주어졌다. 성균관에 입학한 유생들은 동재東齋와 서재西齋로 나뉜 숙소에 기숙하기에 상재생上齋生이라 불렀다. 생원시, 진사시 합격자 외에도 고관의 자제나 중학中學, 동학東學, 남학南學 등 사부학당四部學堂에서 선발된 학생에게도 입학 자격이 주어졌는데, 이들은 하재생下齋生이라 불렀다.

유생의 정원은 대략 100명에서 200명 안팎으로 시기에 따라 차이가 컸다. 생원시와 진사시에 합격하기도 대단히 어려워 급제자의 평균 나이가 33세였다. 18세기 성균관 상재생은 이십대에서 오십대까지 연령대가 두루 분포하였으나 평균 나이는 대략 45세였다.[2] 국가에서는 이 유생들에게 교육에 필요한 모든 비용을 제공하였다.

현재로 말하자면, 성균관 유생은 전액 장학금을 비롯해 기숙사비와 생활비 일체를 제공받는 국비장학생이라 할 수 있다.

각종 특혜를 받으며 공부하는 유생에게는 지극히 높고 험난한 목표가 있었다. 바로 문과文科 급제였다. 본디 3년에 한 차례씩, 33명을 뽑는 식년시式年試란 대단히 힘든 정규 시험이다. 그 관문을 통과하면 출세가 보장되었다. 500년 동안 조선 사회가 배출한 유명한 정치가나 학자 대부분이 성균관을 거쳐 문과에 급제한 유생 출신이다. 이들이 조선 사회를 이끌었다고 말해도 지나치지 않다.

극소수 합격자만을 배출했기에 수험생 입장에서 문과 시험은 질식할 것 같은 압박이 있었으나, 조선 중기 이후에는 비정규 특별 시험이 자주 치러져 수험생의 숨통을 조금이나마 트이게 했다. 성균관은 시험에 살고 시험에 죽는, 끝없는 시험에 시달리는 학교였다. 성균관이 각종 과거의 시험장이라면 반촌은 응시자를 위해 다양한 편의를 제공하는 마을이었다.

진리 탐구를 위한 공간에서 이념의 충돌장으로

성균관은 본래 진리를 탐구하는 학교였으나 점차 본연의 모습을 잃고 일정한 자격을 갖춘 학생을 미래의 고급 관료로 양성하는 고등교육기관으로 변질되었다. 성균관은 자연스럽게 출세주의와 공리주의가 팽배한 최상위 고등직업학교가 되었다. 전인적 인간을 양성하고 학문을 탐구하는 공부다운 공부는 오히려 사설 학교인 서원과 가숙家塾에서 이루어졌다. 한양의 명문가 자제는 본격적인 학문은 서원과 개인 교사에게 배우그, 성균관 생활은 과거시험을 통과

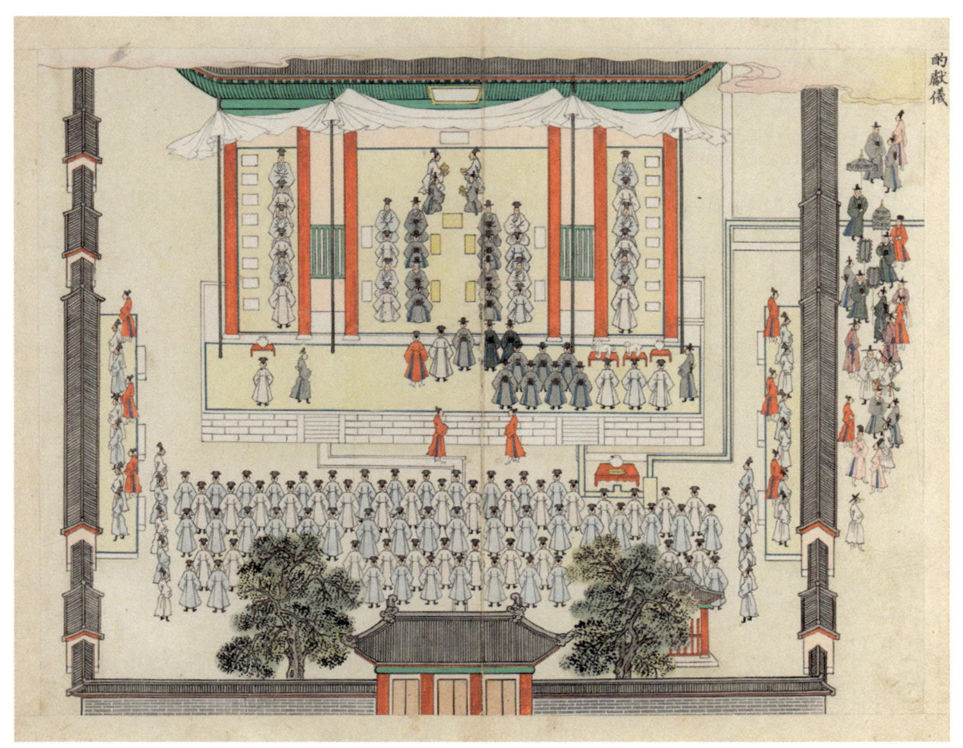

1817년 3월 11일, 성균관에서 거행된 효명세자의 입학례 과정 가운데 공자에게 예를 표하는 〈작헌례酌獻禮〉 행사 그림. 『왕세자입학도첩王世子入學圖帖』, 국립고궁박물관 소장. 대성전 뜰에 푸른색 옷을 입은 유생들이 도열해 있고, 왕세자가 공자의 신위에 술을 따라 올리는 엄숙한 과정을 그렸다. 뜰 안의 붉은 옷을 입은 이들이 바로 문묘의 제사를 담당하는 반인으로 수복(守僕)이다. 왕세자를 수행하는 인원은 대성전 안으로 들어오지 못하고 담장 밖에서 대기하고 있다. 반인과 유생은 문묘를 수호하고 제사하는 의례를 주관하였다.

하기 위한 불가피한 과정으로 여겼다.

성균관에 입학한 유생에게는 국가에서 학비 일체를 제공하였으나 과거시험 비용은 별개의 문제였다. 과거시험 한 번 치르는 데도 종이 값을 비롯해 이런저런 비용이 1천 푼 이상이 들어서 '과거시험은 곧 돈잔치'라는 말까지 나왔다. 성균관 아전은 과거를 치르는 전국 수십만 유생에게 막강한 권세를 부렸고, 한편으로 성균관 유생은 이익을 다투는 거간꾼처럼 패거리 행세를 하였다. 성균관은 그야말로 권력과 이익을 놓고 다투는 거대한 혼돈의 학교였다.

설립 목적과 다르게 변하면서 성균관에는 어두운 그늘이 짙게 드리웠으나 그래도 유일한 국립대학으로서 다양한 역할을 했다. 우선 나이가 적지 않고 학문과 문예 능력이 우수한 유생이 전국에서 모여들었기에 성균관은 전국 유림이 공론을 형성하는 메카가 되었다. 성균관에서 형성된 여론은 정치에 큰 영향을 끼치곤 했다. 유생은 국정의 주요 현안에 대한 상소인 '유소儒疏'를 올려 정국의 향방에 영향을 끼쳤다. 상소가 관철되지 않으면 집단 휴학인 '권당捲堂'을 거쳐 집단 자퇴인 '공관空館'까지 벌어졌다.

그러나 그 역효과도 작지 않았다. 당쟁이 격화된 조선 중기 이후에는 성균관이 정치 세력과 이념이 충돌하는 최전선으로 변했다. 조정의 논의에 간여하고 명성과 세력을 차지하는 데 큰 도움이 되었기 때문에 유생들은 성균관에서 당론의 대리전을 치르곤 했다.[3] 이에 유생의 자치기구인 재회齋會의 회장 장의掌議를 어떤 당파가 차지하느냐를 두고 다투었다. 노론이 독점하거나 노론과 소론이 나눠가지는 구조가 거의 300년 동안 유지되었다.

많은 문제를 안고 있었으나 성균관은 출세의 유일한 공식 통로였기에 유생에게는 반드시 거쳐야 할 선망의 공간이었다. 그리고 이 성균관이 자리한 동네인 반촌은 출세를 꿈꾸는 유생과 그 유생을 보고 살아가는 반인泮人들로 붐비는 대학가였다.

한양의 특수구역 반촌

한양 거주민의 특징

조선 후기 한양은 지역마다 거주하는 주민의 성격이 달랐다. 한양 각 지역의 인구 구성과 특징을 요령 있게 설명한 글이 몇 편 전해 오는데 그 가운데 이규상李奎象, 1727~1799의 글이 흥미롭다.

경성의 풍속도 저마다 다르다. 북동北洞에는 환관이 많고 남산 밑에는 가난한 사대부가 많다. 동촌東村에는 군인과 명나라 유민 자손이 많아서 전씨田氏, 왕씨, 이씨, 진씨陳氏 등 일고여덟 성씨의 자손이 모두 동촌에 적을 두고 산다. 서대문 밖에는 거간꾼이 많고, 중부에는 중인과 시정인市井人이 많다. 중인은 위로 사대부에는 미치지 못하나 아래로 백성보다는 나은 이들이니 호조의 산원算員과 의원, 역관, 사자관寫字官이 이 무리의 직책이다. 나라 풍속에 이들을 중인이라 하는데 근래에 권세가가 많이 그들과 거주지를 바꿔 산다.

이름난 과일은 동촌과 북동에서 나고, 좋은 채소는 동쪽과 남쪽의 교외, 왕십리, 청파 등의 마을에서 생산된다. 시인과 화가는 북동에 많고, 수석水石은 북동과 남산 밑 팔각정 사이에 이른바 청풍계, 백운동, 차계동杈溪洞, 필운대, 둥그재 등의 지역을 꼽는다. 그 밖에 동쪽 교외의 조계漕溪, 동촌의 낙산, 북부의 태고정太古亭, 창의문 밖의 세검정, 탕춘대도 모두 경치가 빼어난 곳이다.

반수촌泮水村은 소고기 푸줏간牛肆을 생업으로 삼고, 씨름과 석전石戰을 잘하는 이가 많다. 한강 연안의 여러 마을은 현석玄石, 용산, 마포, 서빙고, 노들露石, 동작, 삼전도, 두모포인데 이윤을 추구하고 재화를 가진 사람이 많고, 정승 판서와 종실宗室의 별서가 많다. 대현大峴에는 악소배惡少輩가 많다. 의금부 앞 가게의 돼지고기, 반촌의 꼬리곰탕牛尾羹, 종묘동의 녹두전菉豆膠, 왕십리와 청파의 무김치, 대전동大箭洞의 쌀국수, 삼강三江의 백어白魚와 뇌어腦魚는 모두 지금 유명한 것들이다.[1]

경성 각 지역의 주요 특징을 주민과 명소, 생업의 세 가지 관점에서 조금 산만하게 묘사하였다. 사대문 안쪽은 물론이고 성곽 외부와 한강 연안까지 넓혀서 살폈는데 어디 사느냐에 따라 직업과 신분, 생업에 차이가 난다. 여기에 반수촌과 반촌이 각각 나오는데 실제로는 같은 곳이다. 이규상은 반촌 주민이 소고기 푸줏간의 운영을 생업으로 삼고, 씨름과 석전을 잘한다고 서술하였다. 소고기 푸줏간에서 나온 고기로 만든 꼬리곰탕은 한양 도회민의 입맛을 돋우는 반촌의 인기 음식이었다.

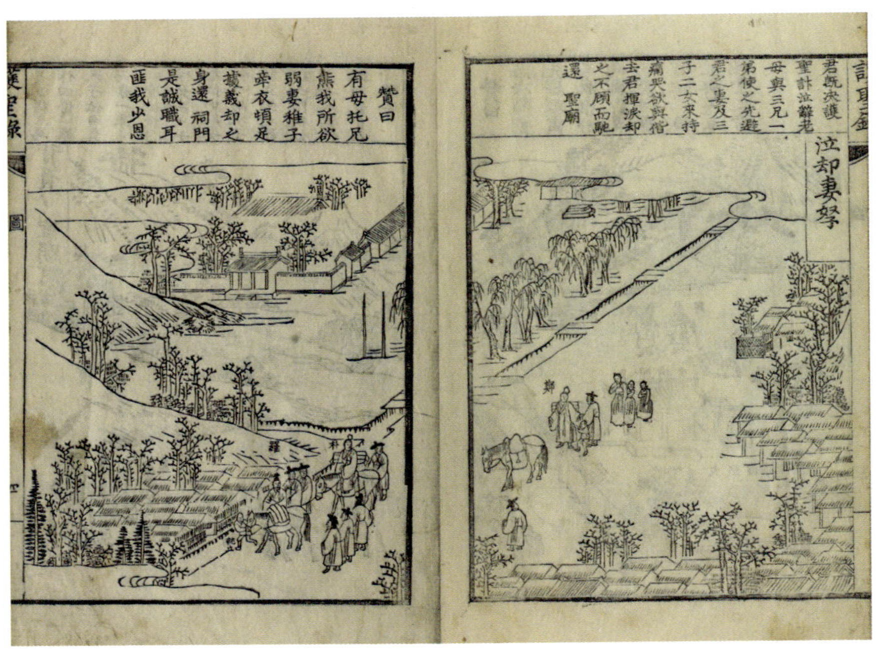

성균관 문묘와 이를 에워싸고 흐르는 반수 가의 동반촌과 서반촌. '울면서 처자식을 물리치다(泣却妻孥)'라는 주제의 그림이다. 이 그림은 강명제(姜命齊) 등이 1804년에 편찬하여 간행한 『정의사호성록鄭義士護聖錄』에 수록된 〈호성록십이도護聖錄十二圖〉 12폭 가운데 하나다. 18세기 성균관 일대의 풍경을 보여주는 중요한 그림이다. 미국 버클리대학교 동아시아도서관 소장, 고려대학교 민족문화연구원 해외한국학자료센터 제공.

18세기 후반에 성균관 대사성을 역임한 이가환李家煥, 1742~1801도 비슷하게 현황을 소개하면서 한양의 동북쪽 지역에는 '반계泮界'가 있고, 그 주민은 "유생과 가깝게 지내므로 억세기는 하지만 기개와 의리가 있다"[2]고 설명하였다. 여기서 '반계'는 반촌을 달리 표현한 말이다. 18세기 중후반 한양 각 지역과 그 주민을 소개할 때 이처럼 반촌과 반인은 빠트릴 수 없는 지역이자 주민이었다.

반촌은 한양의 독특한 지역으로서 특별한 동질 집단인 반인이 수

백 년 동안 계속 거주한 마을이다. 상인, 역관, 의원, 아전과 서리, 군인, 내시와 같은 여항인과 비교할 때 반인은 좀더 특별한 동질 집단이었다. 더욱이 다른 지역의 경우, 특정 신분 또는 직업인이 주민 구성에서 다수를 점유할 뿐이지 한 지역을 독점적으로 차지하지는 않았다. 하지만 반촌은 반인이 거의 독점하여 거주하는 특수구역이었다.

반촌은 언제 생겨났는가

그러면 반촌이란 마을의 정체성은 언제 형성되었을까? 조선 전기 또는 조선 중기일까? 상식에 따르면, 성균관이 세워진 이후 자연스럽게 반촌이 형성되었을 것으로 보기 쉽다. 그러나 그렇지 않다. 반촌은 17세기 이후에야 그 정체성이 뚜렷해졌다.

조선 전기의 지리 현황을 체계적으로 정리한 『신증동국여지승람』의 경도京都 항목에는 반촌이 등장하지 않는다. 성균관을 묘사하고 그 부근에 흥덕동이란 마을이 있다고만 밝힐 뿐 반촌을 내세우지 않았다. 임진왜란 이전까지도 문헌에 반촌이 나타나지 않는다. 성균관 일대는 그저 행정 지명으로만 불린다. 1504년 연산군이 성균관 주변 인가를 철거하라는 명령을 내릴 때 이렇게 말하고 있다.

내가 작은 가마를 타고서 철거해도 좋을 인가를 직접 살피려 한다. 동소문 안 흥덕동·사섬시동·성균관동의 여염 사람을 모두 옮겨 피하게 하고, 집에 숨어 있지 못하게 하라![3]

대한제국 말기, 일제강점기 초의 성균관과 반촌 풍경. 서반촌 언덕에서 찍은 사진으로 오른쪽은 문묘 정문, 왼쪽은 비천당 앞마당과 계성사다. 성균관과 반촌이 활기를 잃은 겨울 풍경이 을씨년스럽다. 나카야마 구시로(中山久四郎) 편, 『일본현존문묘日本現存文廟』, 도쿄: 사문회(斯文會), 1935. 이 사진은 1911년에 공자제전회(孔子祭典会)가 편찬하여 간행한 『현존문묘現存文廟』에 수록된 것을 재수록하였다. 성균관을 찍은 사진 가운데 가장 이른 시기의 것이다.
갑오경장 이후에 실시된 경의문대(經義問對)에 합격하여 성균관 박사가 된 이흠(李嶔, 1842~1928)은 1901년 정월 11일 성균관을 둘러보고 「반유록泮遊錄」을 지었다. 그 글에서 창문이 부서지고 벽이 무너졌으며, 기와가 떨어지고 기둥이 썩어 먼지만 가득하고 비둘기 똥이 수북한 황량한 풍경과 아이들이 명륜당을 마구 돌아다녀도 금하는 이 없는 처참한 풍경을 안타까워하였다.

연산군은 숭교방의 세 개 동네를 열거하는데 각각 반촌의 북쪽 남쪽 동쪽에 있는 마을이다. 당시에는 반촌이라는 인식이 없어서 행정구역이나 주요 관서로 마을 명칭을 삼았다. 광해군 때 문신인 유몽인柳夢寅의 『어우야담於于野談』 308화에도 "성균관동에 여인 한 사람이 있었는데 나이 47세에도 자녀가 없었다"[4]고 나온다. 18세기 이후였다면 으레 반촌에 사는 여인이라고 썼을 것이다. 이처럼 조

1부. 성균관과 반촌

선 중기까지만 해도 성균관과 그 주변 마을은 행정구역 이름으로 표기하였을 뿐 반촌이란 인식이 아직 형성되지 않았다.

반촌이란 말은 『선조실록』의 1606년 6월 15일 기사에 처음 등장하였다. 이후에는 『조선왕조실록』과 『승정원일기』 등 국가 기록물과 문집 등의 문헌에 조금씩 나오다가 18세기에는 행정구역명을 제치고 일반 명칭으로 빈번하게 사용되고 조선 말기까지 통용되었다. 그러니 반촌은 행정상 지명이 아닌 역사적 지명으로 보아야 한다.

반인 역시 반촌과 마찬가지로 역사적으로 붙여진 명칭이다. 본래 성균관 소속의 공노비였던 반인은 이전에는 성균관노成均館奴, 줄여서 관노館奴로 불렸다. 그러다가 17세기 이후 점차 반인으로 불리더니 18세기부터는 흔히 반인으로 불렸다. 정조 때 관노로 불린 경우가 있기는 하나 그보다는 반인, 반민 등의 명칭이 통용됐고, 1801년 공노비가 혁파되면서 반인은 정식 명칭으로 쓰였다.

17세기 이후 사람들은 반촌과 반인을 특수한 지역색과 독특한 정체성을 지닌 마을과 주민으로 받아들였다. 그 이름에는 단순한 용어를 넘어서는 의미와 시각이 담겨 있다. 오랜 역사 속에서 제도와 사회, 경제, 문화의 변화를 거치면서 독특하고 강렬한 의미가 담긴 것이다.

반촌이 뚜렷한 정체성을 지닌 지역으로 부상한 배경에는 반인의 지위 향상이 있었다. 성균관에서 수복과 서리 등 직역을 담당하던 관노의 업무상 역할이 점차 커졌고, 그 숫자도 크게 불어났다. 또 푸줏간인 현방 운영자와 일종의 하숙집 사장인 반주인泮主人으로서 역할과 세력, 경제력이 무시하지 못할 수준으로 성장하였다. 명목상

낮은 신분과 달리 실질적인 경제력과 사회적 역량은 시대가 진전될
수록 상승하였다.

반촌은 어디서부터 어디까지였을까?

조선시대 반촌의 경계

반촌은 현재의 명륜동과 혜화동에 걸쳐 있었다. 창경궁 홍화문 앞에서 관고개館峴와 성균관 앞길을 거쳐 혜화문으로 이어지는 길은 조선시대에 경기도 북쪽 지역과 함경도로 가는 북관대로北關大路의 통로였다. 관고개는 창경궁에서 성균관으로 넘어가는 언덕길이었고, 혜화문은 현재의 창경궁로와 한양도성 성곽길이 만나는 지점이었다.

한양의 3대 시장이라는 배오개梨峴시장(현재의 종로 광장시장 부근)에서 성균관에 이르는 이현대로梨峴大路는 북관대로와 연결되었다. 옛길은 지금과 적지 않은 차이가 있으나 북관대로는 성균관대 사거리에서 남쪽으로 대명길을 따라 혜화역 1번 출구로 이어지다가 다시 꺾어져 혜화동로터리를 거쳐 창경궁로를 따라 혜화문으로 이어

졌다. 여기서 대명길은 명륜2가의 남쪽 경계로 영조 때까지 반촌의 남쪽 경계였다.[1]

반촌은 정조 치세에 그 영역이 확대되었다. 반촌이 비좁아서 살기 힘들다는 반인의 요구와 사도세자의 사당인 경모궁景慕宮 일대를 번화한 상업지구로 만들고자 했던 정조의 소망이 서로 맞아떨어졌다. 그래서 이때 반촌의 남쪽 경계를 대명길에서 경모궁 북쪽 경계까지로 확대하였다.

1778년 정조는 창경궁 동쪽 성균관 남쪽에 경모궁을 크게 확장하였다. 경모궁이 조성되기 전만 해도 인가가 드물고 채소밭 등으로 사용되어 도성 안에서도 낙후된 지역이었다. 불행하게 세상을 떠난 부친을 위로하려고 정조는 경모궁을 장엄하게 조성하면서 이 일대를 거의 도시재생 사업 수준으로 정비했다.

먼저 경모궁의 주맥인 관고개의 일부를 끊어서 경모궁으로 통하는 새 길을 만들었다. 주맥이 손상된 곳에는 흙을 북돋고 박석礴石을 깔았다. 1782년에는 경모궁 주변의 재생 사업을 대대적으로 벌였다. 먼저 건덕방建德坊을 경모궁방景慕宮坊으로 명칭을 고쳤다. 궁문 밖에는 병조와 호조, 선혜청, 훈련도감의 수직방守直房을 설치하여 번듯한 모양을 갖추게 하였고, 장경교長慶橋 주위에 현방과 우방전牛肪廛, 쇠기름가게, 연초전, 생선전 등 여덟 개 점포와 함께 상인 107호를 새로 이주하여 살도록 하였다. 혜화역 일대에 북쪽의 반촌과 더불어 번화한 상가 지역이 조성되었다. 작은 신도시가 새로 만들어진 셈이다.

특히 훈련대장 구선복具善復의 감독하에 관기고, 광례교, 응란교

세 개의 돌다리를 반수 위에 새로 건설하였다. 궁 동쪽에는 궁지宮池라는 연못을 조성하고, 여기에서 흥덕동천으로 흘러가는 물위에 응란교를 세웠다.[2] 흥덕동천은 송동에서 종로 초교初橋로 흘러가는 일명 초교수初橋水로 1930년대 이후 대학천으로 이름이 바뀌었다. 원래 있던 다리와 함께 성균관과 경모궁 일대의 개천에는 돌다리가 매우 촘촘하게 놓였다. 정조의 명령으로 좌의정 이복원李福源이 책임을 맡았다.

궁지를 기준으로 남북에는 각각 경계석을 세웠다. 북쪽 경계에는 반계泮界, 남쪽 경계에는 전계廛界의 표지석을 세웠다. 반인과 상인의 경계를 확실하게 규정한 것이다.[3] 반촌의 남쪽 경계였던 궁지의 위치는 현 혜화역 3번 출구 서쪽이다. 지금 그곳에는 응란교 표지석이 설치되어 있다. 확대된 반촌은 현 명륜4가에 포함되어 있다. 윤기尹愭는 「반중잡영泮中雜詠」 제215수에서 이 경계석을 두고 다음과 같이 읊었다.

하마비 남쪽으로 길 하나가 가로 뻗어	下馬碑南一路橫
반촌의 경계는 이것으로 분명했었지.	泮村界限此分明
지금은 어느 곳에 경계석을 세웠는가?	如今立石標何處
연꽃이 가득한 경모궁 연못이라네.	景慕宮池菡萏盈

대명길을 남쪽 경계로 삼았던 반촌이 경모궁의 설치로 궁지까지 확대된 사실을 밝혔다. 이처럼 정조가 구상하여 정비한 대학로 일대는 이후 조선 말기까지 큰 변함없이 유지되었다.

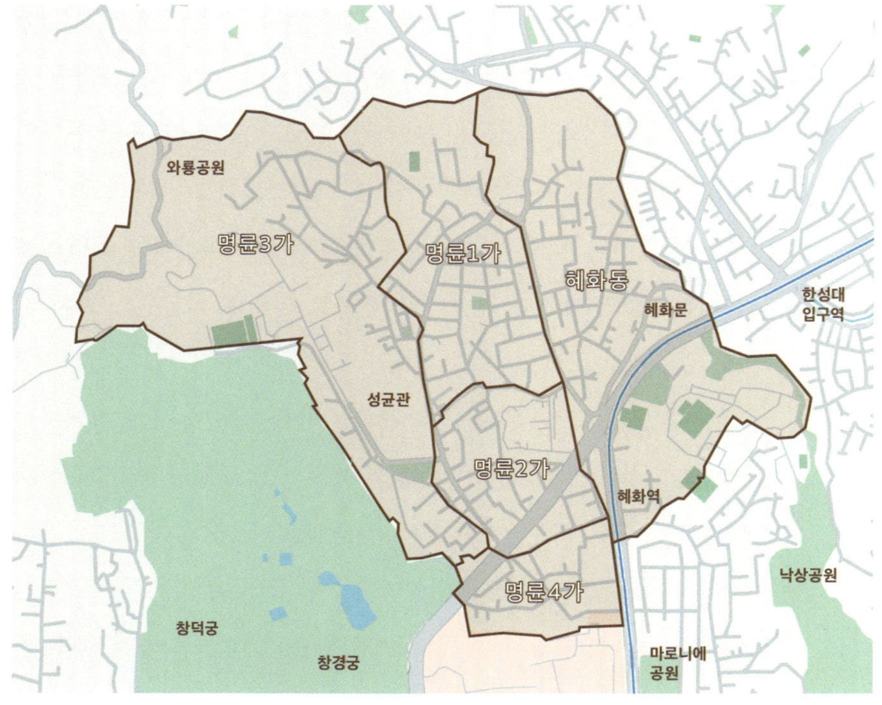

반촌의 현재 지도. 명륜1가·2가·3가·4가 및 혜화동의 영역과 경계를 구분해 표시했다. 1914년 당시의 도로와 경계를 기준으로 획정된 행정구역이라 이후에 새로 만든 도로 및 경계와 일치하지 않는다. 행정동의 명칭은 일제가 만든 것이나 그 경계는 조선 후기와 대한제국기의 반촌 경계를 반영한다.

일제강점기의 반촌

반촌 일대의 도로와 지역 경계 등은 일제강점기에 들어와 다시 한 번 큰 변화를 겪었다. 조선총독부는 대한제국 때의 행정 지명을 사용하다가 1914년 4월 1일자 경기도고시 제7호를 계기로 경성의 행정구역과 명칭을 전면적으로 개정하였다. 이에 당시까지 사용되던 명칭과 경계에 큰 변화가 일어났다. 반촌의 숭교방은 숭일동崇一洞·숭이동崇二洞·숭삼동崇三洞·숭사동崇四洞의 네 개 동과 그 동쪽의 혜화동惠化洞으로 작명되었다. 그 남쪽의 잣골은 동숭동東崇洞으로 작명하여 획정하였다. 숭일동이나 동숭동의 명칭에는 모두 숭교방의 '숭'이 들어가 있어 조선시대 교육특구의 흔적이 남아 있다. 숭일동 등 네 개 동의 명칭은 이전에는 볼 수 없던 대단히 괴상한 작위적 지명이다. 숭교방을 동사인 '숭' 한 글자로 줄인 뒤 거기에 단순히 1, 2, 3, 4 숫자를 붙여 근본없이 지명을 정했다. 그 때문인지 1936년 4월 1일 조선총독부령 제8호에 의해 각각 명륜정明倫町 1정목丁目, 명륜정 2정목 등으로 개칭하였다. 해방과 함께 1946년 명륜1가·2가·3가·4가로 개칭하여 현재에 이른다. 이 명칭도 괴상하기는 마찬가지다.

조선총독부는 경성의 도로와 도시공간구조를 대대적으로 개편하는 '경성시구개수京城市區改修' 계획도 시행하여 1912년 11월에 예정 도로 노선 29개를 발표하였고, 이후 계속하여 수정하였다. 그 계획에 따라 1915년에는 혜화동로터리까지 직선화하여 현 창경궁로를 개설하고, 로터리에서 현 창경궁로35길을 뚫어 S자형으로 혜화문에 이르는 길을 조성하였다. 버스 통행을 위해서 혜화문을 오르는 가파른 길을 피해 비스듬히 우회하는 방법을 택했다. 1937년 이후 다시 개수 계획을 세워 광화문에서 창경궁과 혜화문을 통하여 교외로 나가는 간선도로를 직선화하는 도로망을 구축하였다. 현 율곡로인 종묘를 관통하는 도로를 뚫어서 창경궁과 종묘의 중간 산맥을 끊는 만행이 이때 저질러졌다. 어쨌든 관고개와 혜화문을 넘어 돈암동까지 전차가 다니는 직선도로가 개설되었다.[4] 혜화동로터리에서 혜화문까지는 창경궁로35길 오른쪽으로 현 창경궁로를 확장하였다. 이렇

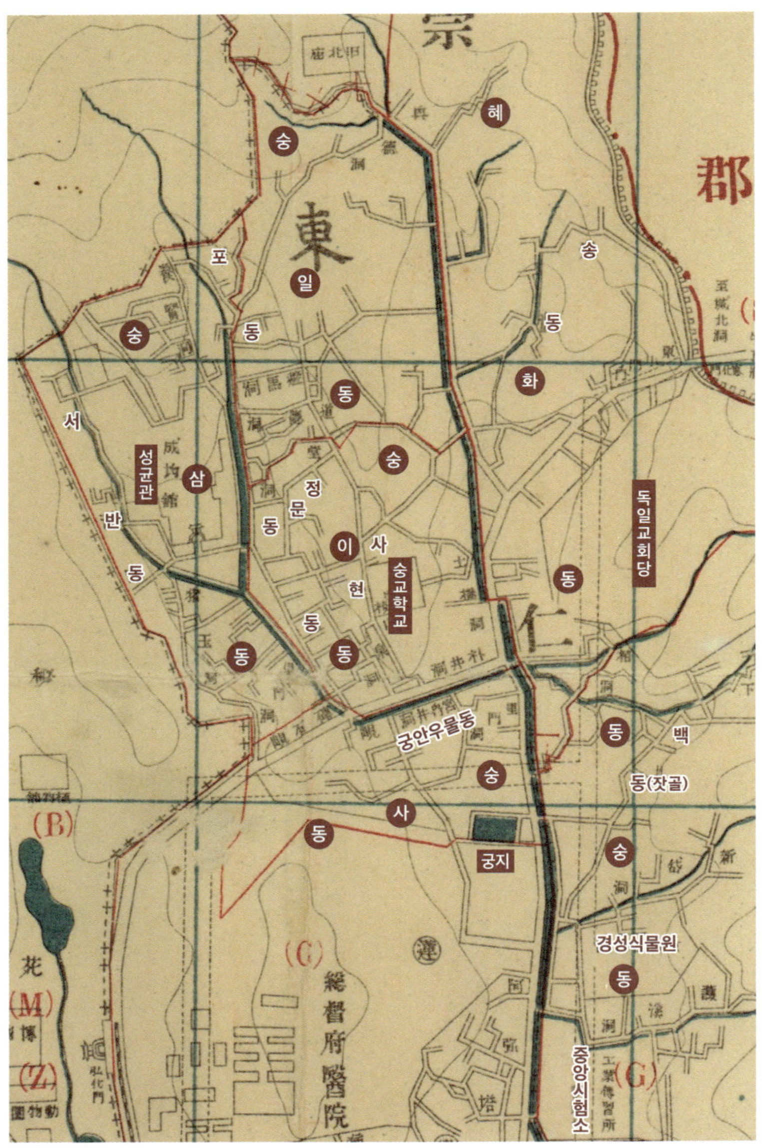

반촌의 영역과 경계. 〈경성부시가강계도〉, 1914, 서울역사박물관 소장. 간선도로가 새로 뚫리기 이전의 명륜동과 혜화동 일대 지도다. 전통적인 지명과 1914년에 획정한 새 행정구역명이 섞여서 표기되어 있다. 붉은 선으로 구분된 숭1동, 숭2동, 숭3동, 숭4동과 혜화동이 나타난다. 성균관 북쪽에 포동, 혜화초등학교 뒤쪽에 송동이 기재되었다. 물길이 녹색으로 표시되었는데 숭4동 총독부의원 동쪽에 네모난 녹색 표시 부지가 바로 궁지이다. 궁지는 곧 경모궁 동쪽에 조성한 작은 연못인데 이때까지도 보존되었다. 그 북쪽 경계가 반계이다. 숭4동에 기재된 궁안우물동〔宮內井洞〕은 경종의 계비 선의왕후의 친정집으로 반촌에 세거한 함종 어씨의 마을이다. 그 위쪽에 기재된 숭교학교는 곧 숭교의숙(숭정학교)으로 사현사 터에 세워졌는데 현재의 아남아파트 자리다.

게 간선도로를 뚫는 과정에 반촌은 두 동강이 났다. 1914년에 획정된 명륜동의 행정 구획이 1915년 이후 새로 개설된 현재의 도로 경계와 큰 차이를 보이는 이유가 여기에 있다.

반촌은 동서로는 창경궁 담장으로부터 현재의 혜화동까지 명륜동과 혜화동이고, 남쪽으로는 경모궁 북쪽, 현재의 서울대병원 북쪽까지가 경계였다. 현 혜화역 3번 출구가 그 남쪽 경계선이다. 반촌은 서반촌과 동반촌으로도 나뉘는데 그 경계는 현 성균관대 정문 앞으로 뻗은 성균관로 안쪽의 골목길인 성균관로1길이다. 그 길에 예전에는 반수가 흘렀다. 현재의 성균관로도 20세기에 새로 정비된 길이다.

반촌의 북쪽과 동쪽 경계는 굳이 명확하게 밝힐 필요가 없다. 동쪽과 북쪽의 성곽에 가로막힌 산비탈이기 때문이다. 1915년 이후 도로를 새로 개설하고, 1930년대 창경궁과 종묘 사이에 길을 뚫어 지금의 율곡로를 만들기 전까지만 해도 반촌은 한양성 동북쪽에 치우친 외진 지역이었다.[5] 성균관에서 광화문이나 종각 쪽으로 나가자면 홍화문 앞으로 난 이현대로나 현 대학로인 경모궁길을 이용해야 했다.

현 혜화동은 대부분 성곽 아래 산비탈 동네로 숲과 과수원, 전답 위주였고 주택은 드문드문 있었다. 북쪽 지역은 혜화문에서 응봉까지 성곽으로 둘러싸여 있고, 성곽 아래는 가파른 산길에 소나무숲이 울창하였다. 당시에는 인가가 들어서기 힘든 산등성이거나 복숭아나무와 앵두나무 등 유실수를 심은 과수원 및 소나무숲, 그리고 전답이었다. 1920년대까지만 해도 명륜동과 혜화동의 한양도성 안

1925년에 찍은 경모궁 일대의 풍경. 국립중앙박물관 소장 필름. 1900년 사도세자가 장조(莊祖)로 추존되어 신주가 종묘로 이관되면서 경모궁에는 영희전(永禧殿)이 이전되었다. 19세기 말까지 서울에서 경관이 가장 아름다운 궁이라는 평을 들었던 곳으로, 반촌 일대가 발전하는 데 크게 기여했다.

쪽 지대는 조선시대와 큰 차이가 없었다. 1927년 지목地目을 보면 거의 모두 '전田'으로 표시되어 있다.[6] 한마디로 인가가 크게 형성된 마을이 아니었다. 북쪽 지역에는 갯골浦洞과 송동宋洞, 또는 흥덕동興德洞이라 불리는 인가가 띄엄띄엄 있는 동네였다.

동반촌과 서반촌

반촌은 앞에서 말한 것처럼 크게 동반촌과 서반촌으로 나뉘었다. 17세기 이래 성균관대 사거리 북쪽의 성균관로를 기준으로 서쪽은 서반촌, 동쪽은 동반촌으로 구분하였다. 이는 동반수東泮水의 동쪽

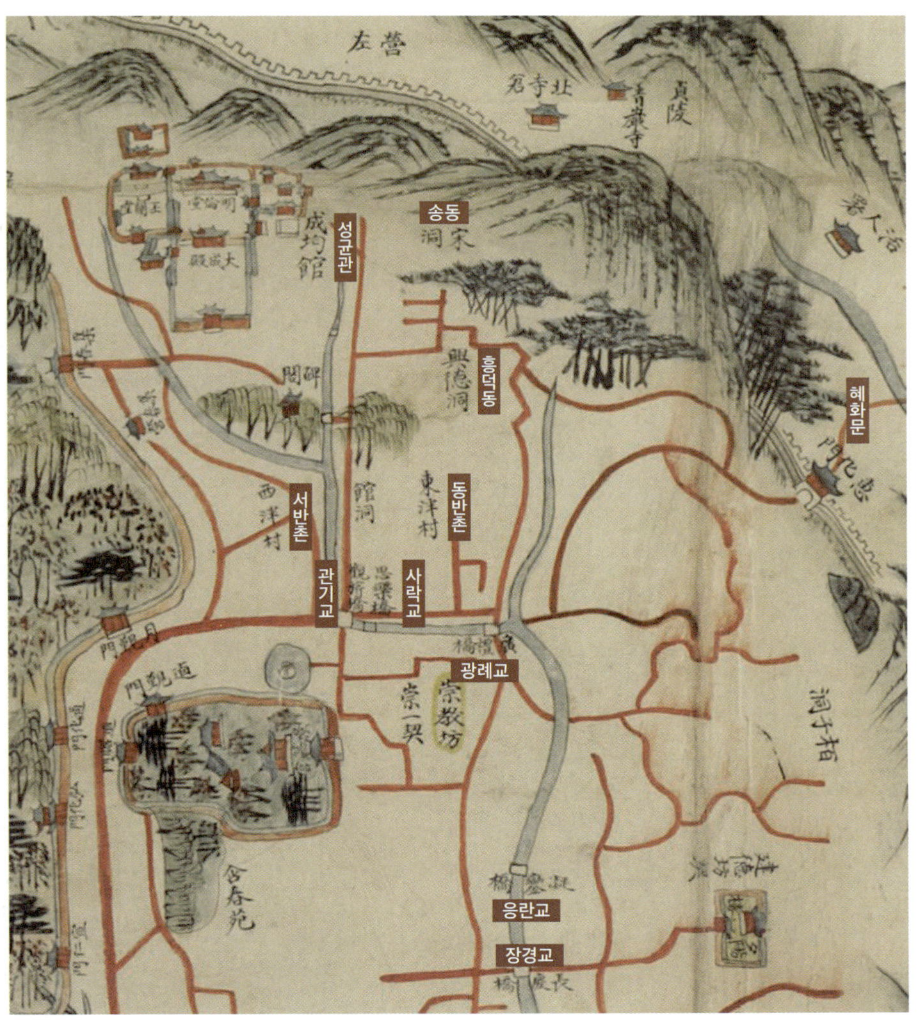

18세기의 지도 〈한양도성도〉, 개인 소장. 성균관 일대의 물길이 잘 묘사되어 있다. 위 물길을 기준으로 서반촌과 동반촌이 표기되어 있고, 반수와 흥덕동천 위에 관기교, 사락교, 광례교, 응란교, 장경교 등 다리가 표시되어 있다. 그중 장경교는 정조가 즉위한 1776년에 세워진 가장 큰 다리이다. 관기교 등 세 개의 다리는 1782년에 건축하였다. 성균관 주변의 개천에는 유난히 돌다리가 많았는데 경모궁을 빛내려는 정조의 의도에 따른 것이다. 궁지까지 확대된 반촌의 경계를 선명하게 표기하였다.

마을, 서반수西泮水의 서쪽 마을이기도 하다. 서반촌의 서쪽 경계는 창경궁 담장, 동쪽 경계는 혜화문이 있는 성곽이었다. 서반촌은 대체로 현 명륜2가 지역이다.

성균관대 사거리는 반촌의 입구로 20세기 이전까지는 여기 하마비下馬碑가 서 있었다. 하마비 옆으로는 동반수와 서반수가 합쳐진 반수가 흘렀다. 그 반수 위에는 1782년에 왕명으로 세운 관기교觀旂橋란 돌다리가 놓여 있었다. 하마비가 지금은 성균관대학교 정문 안 탕평각蕩平閣 옆에 서 있으나 본래 반촌 입구에 위치했다. 윤기는 「반중잡영」 제19수에서 동반촌과 서반촌의 경계를 두고 다음 시를 지었다.

동반촌 서반촌에는 즐비하게 집이 많고	東西櫛比泮村多
마을 어귀에는 하마비가 우뚝 서 있네.	下馬竪碑洞口峨
박석 고개 앞으로는 행인이 이어지고	磚石峴前人似織
관기교 밑 흐르는 물은 비단 같구나.	觀旂橋底水如羅[7]

이처럼 반촌의 경계를 중시한 것은 반인 외에는 반촌에 집을 사서 거주하는 것이 금기시되었고, 또 일종의 치외법권이 적용된 탓이다. 반촌의 동명과 비석, 길, 다리 등 무엇 하나 역사적 의미가 없는 것이 없다.

4장.

형리의 출입을 금하노라

치외법권이 적용된 지역

성균관이라 하면 유학을 공부하는 최고 학부로서의 이미지가 선명하나 그보다 못하지 않은 주요 기능으로 공자와 그 제자에게 제사하는 의례가 있다. 유학의 학습과 공자의 제사는 떼어낼 수 없을 만큼 긴밀하다. 성균관과 전국에 흩어져 위치한 향교에는 제사 공간과 학습 공간 이렇게 두 개의 건물이 반드시 앞뒤로 놓여 있다. 그 제사 공간은 문묘文廟로 흔히 대성전大成殿 또는 성묘聖廟라고 부른다.

성균관은 신성한 공간으로 우대를 받아왔다. 최고의 인재가 모여서 공부하는 대학이라서도 그렇지만 더 근본적으로는 공자의 신주를 모시고 제사를 드리는 문묘가 있기 때문이었다. 이 문묘 때문에 성균관과 반촌은 특별 대우를 받았다.

영조의 어제 어필 현판. 1752년 윤5월 5일 대사성 서종옥(徐宗玉)을 통해 성균관에 하사한 잠언으로 현재도 명륜당에 걸려 있다. "성인의 문묘를 높이고, 선비의 습관을 바로잡고, 성실하도록 노력하라(尊聖廟, 正士習, 務誠實)"라는 글로 문묘의 존숭을 첫번째로 요구하였다. 훗날 지성균관사 이정보는 이 어필이 지닌 의미를 밝히는 문제로 성균관 유생을 시험하였다.

반촌은 경찰권이 함부로 들어가지 못하도록 제한되어 있었다. 즉 일종의 치외법권이 인정되는 구역이었다. 순라를 도는 군졸과 의금부와 형조, 한성부 형리의 반촌 출입을 허용하지 않은 것이다. 형리의 반촌 출입은 조선 초기부터 법적으로 금했다.『연려실기술』에서는 성균관의 제도와 역사를 두루 설명하면서 다음과 같이 쓰고 있다.

열성조列聖朝에서 우대하였기에 성균관에는 순라군과 금부禁府 이속吏屬이 누구도 감히 들어가지 못하였다. 인조 임금 때 한 군교軍校가 밤에 순라를 돌다가 반촌에 들어갔다. 임금께서 그 사실을 들으시고 군교의 죄를 다스리라고 명하셨다.[1]

형리의 성균관 출입을 금하는 오래된 금령을 간명하게 밝혀놓았다. 이 금령은 성균관을 다룬 각종 저술에 빠짐없이 나온다. 1639년에 김육金堉은 지성균관사의 의견을 인조에게 제출하여 "태학의 경우, 나라의 큰 금법에 관계된 일이라도 향교를 넘어서 반중泮中에 들어가지 못합니다. 이 금법을 범한 자를 벌하는 것이 전해 내려오는 법규입니다"[2]라고 진언하였다.

이보다 앞서서 선조 39년1606 6월에 대성전 동무東廡 뒷벽에 누군가가 익명서를 쓴 사건으로 조정에 큰 물의가 일어났다. 조사를 확대해가던 중 당직 수복이 대성전 뜰로 달아나자 형조 서리가 그를 뒤쫓아 들어가 붙잡았다. 이는 형리가 문묘를 침범한 중대한 사건으로 선조에게 보고되었다. 선조는 개탄하며 수복과 서리 둘 다 처벌하고 앞으로는 문묘로 들어가 범인을 잡지 말라고 명하였다. 이 사건을 『선조실록』에 수록하고서 사신史臣은 이렇게 논평했다.

"엄숙한 성묘의 안뜰로 죄인이 들어가 숨고, 형조의 서리가 뒤쫓아 들어갔다. 시사時事의 불행이 극심하다."

정조 때에도 비슷한 사건이 일어났다. 사건 소식을 듣고서 정조는 1783년 8월 16일 성정각에서 승지를 불러 "포교가 향교를 넘지 못한다는 사실은 법전에 기재되어 있다. 향교 안의 일을 포도청이 어떻게 주관하겠는가? 듣고서 매우 놀랐다. 담당 포도대장에게는 곧 처분을 내릴 테니 붙잡아 가둔 사람을 즉시 풀어주어라"[3]라고 분부하였다.

형리의 반촌 출입 금지를 두고 김육은 나라에 전해 내려오는 법규라고 하였고, 정조는 왕조의 법전에 기록된 사실이라고 하였다.

여기서 말하는 법전은 곧 『태학속전太學續典』이다. 실제로 여기에는 "금리는 감히 반중에 들어가지 못한다禁吏無敢入泮"라는 규정이 적혀 있다. 문묘가 신성불가침의 공간임을 명문화한 것이다.

체포하려는 자, 막으려는 자

형리의 성균관 출입이 이처럼 금지됐으나 범죄자를 체포하려는 사법기관과 체포를 막으려는 성균관 사이에 크고 작은 충돌이 잦았다. 적지 않은 사례가 사서에 등장했고 큰 문제로 불거지기도 했다. 한 가지 사례를 들면, 1730년 10월 11일 우의정 조문명趙文命은 형조판서의 의견을 다음과 같이 영조에게 보고하였다.

형조판서 김취로金取魯의 말을 들으니, 반인이 한 짓이 매우 해괴합니다. 북부北部의 장의동 주위에서 소나무 벌목을 금지한 명령이 행해지지 않아서 사람을 시켜 살펴봤더니, 반인 무리가 생솔을 마구 베어 갔습니다. 저들을 잡으려 했더니 잡으려는 사람을 도끼로 찍고 성곽을 넘어 도주하여 그대로 반중 안에 숨었습니다. 범법을 막는 이 사건에도 반중에는 감히 들어가지 못하게 되어 있습니다. 따라서 죄인을 잡아낼 길이 없으니 이는 정말 고민되는 일입니다.[4]

반촌에 숨어든 범법자를 출입 금지 금령 탓에 체포하지 못하는 고충을 호소하고 있다. 나중에는 형조에서 체포를 시도하여 반촌에 들어갔고, 그에 반발하여 성균관 유생이 권당하는 일까지 벌어졌다. 유생의 체포는 말할 나위가 없고 반인의 체포에도 유생은 강하게

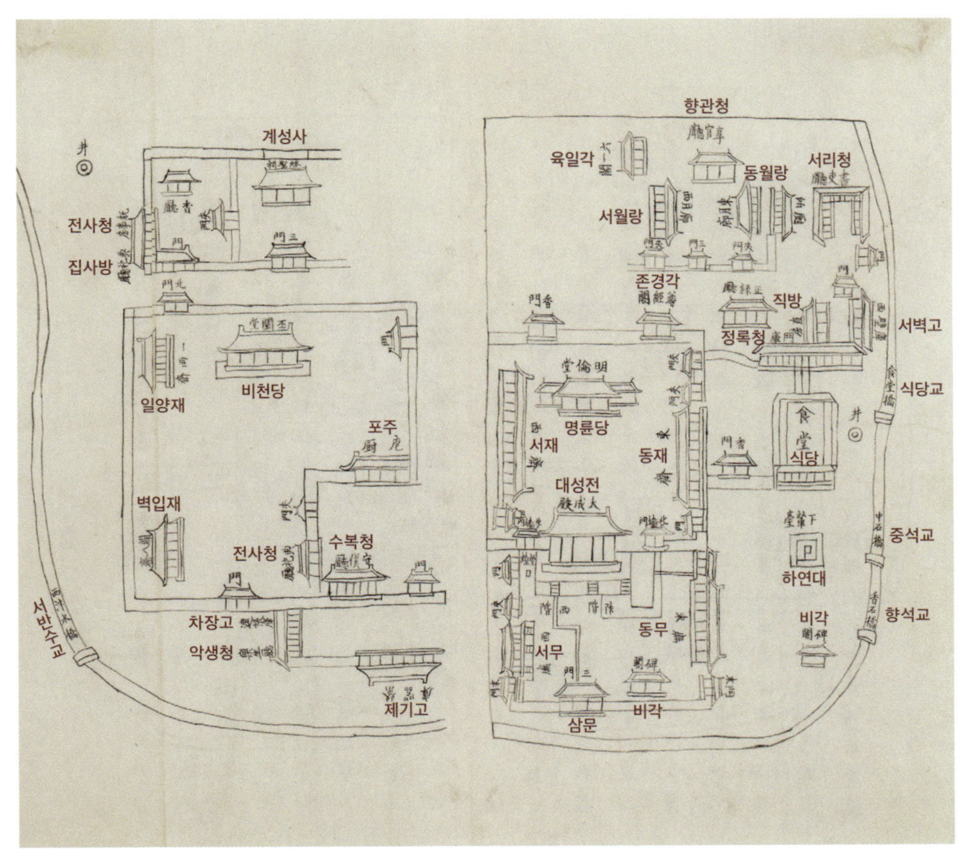

〈반궁도泮宮圖〉, 『태학지太學志』, 서울대학교 규장각한국학연구원 소장. 18세기의 성균관 구조를 그린 그림이다. 서반수와 동반수 사이에 있는 많은 건물의 위치를 빠짐없이 기록하였다. 동반수에는 향석교를 비롯한 세 개의 다리가, 서반수에는 서반수교가 놓여 있다. 향석교는 성균관의 입구로 인식되었다.

반발하였다.

위에서 여러 사람이 향교를 넘지 못한다고 말했는데 향교에 대해서는 설명이 필요하다. 향교, 곧 향석교香石橋는 동반수 위에 놓인 돌다리로 성균관 경내로 들어가는 대문과 같은 구실을 하였다. 반수교泮水橋라고도 했고, 비각 옆에 있다고 하여 비각교碑閣橋라고도 불렀다. 성균관대학교 정문 부근에 있었으나 지금은 하천과 함께 복개되어 모습을 확인할 수 없다.

반촌에 형리가 들어가지 못한다는 금법은 공자를 제사하는 문묘를 신성시하는 존성묘尊聖廟, 성균관을 우대하는 중현관重賢關의 두 가지 정책에 뿌리를 두고 있다. 직접적으로 출입이 금지된 장소는 문묘 일원이며, 이를 확대하면 명륜당까지 포함한 성균관 경내였다. 즉 금법이 적용되는 범위는 향석교를 기점으로 한 서반수와 동반수 안쪽 지역이지 일반 반인이 사는 반촌 전체로 보기는 어렵다. 이처럼 출입 금지는 일차적으로 향교 안쪽의 성균관을 범위로 여겼다.

그러나 이 법은 점차 반촌 전체로 확대되어 적용되었다. 몇 가지 구체적 사례가 보고되어 있다. 반촌에서 오랫동안 기거한 황윤석黃胤錫은 누구보다 성균관과 반촌의 제도에 해박하였다. 그는 이 법의 적용 범위를 반촌 전체로 이해하고 이렇게 말했다.

우리 왕조에서는 태학 노비에게 도사屠肆, 푸줏간를 생업으로 삼아 생계를 꾸리도록 허가하였다. 반촌 남쪽 돌다리〔원주: 관기교〕 안쪽에는 동서로 삼천여 호戶가 살고 있어 순라군이 야금夜禁하는 것을 허락하지 않았다. 이는 모두 선비를 우대하는 도타운 뜻에서 나온 조치로 예전 역사

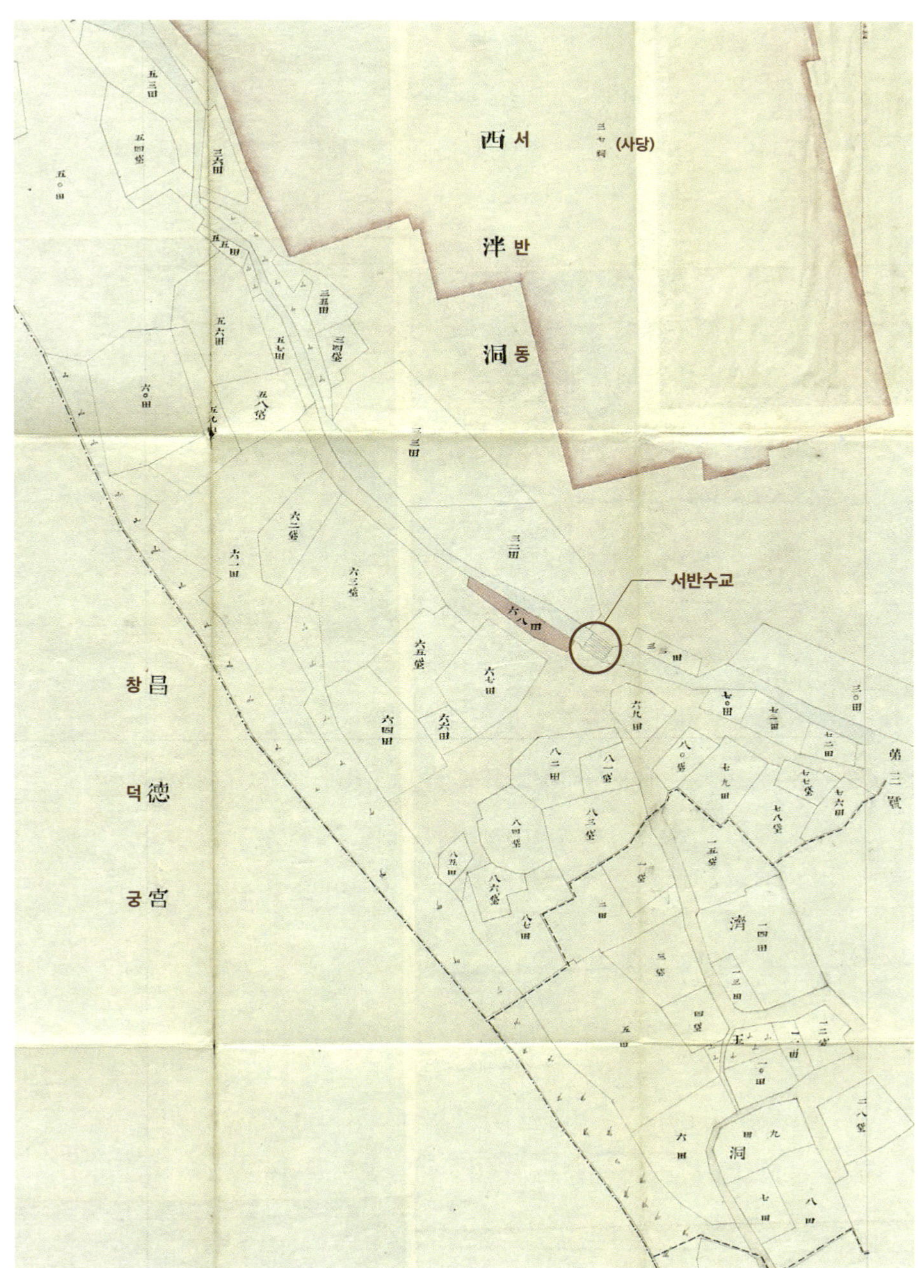

〈한성부 동서 숭교방도〉, 서울역사박물관 소장. 1908에 작성된 한성부 지적도 가운데 동서(東署) 숭교방 제7호 지적도이다. 옛날의 서반촌과 현재의 명륜3가 지역의 현황을 보여준다. 필지는 대지(垈)와 밭(田), 사당(祠)으로 구성되었다. 사당은 경학원으로 명칭이 변경된 성균관을 가리킨다. 교육기관의 기능을 잃고 공자를 제사하는 문묘의 기능만 남은 실태를 반영하여 지목이 사당으로 표기되었다. 집보다 밭이 많아 쇠락한 실태를 보여주며, 성균관 담장 밖으로 흐르는 서반수 물길이 선명하고 그 위에 서반수교가 표시되어 있다.

에서 듣지 못한 일이다. 어떤 이가 "김자점金自點이 정승으로 있을 때 처음 건의하여 만들었다"고 하였다. 간흉奸凶이라도 한 가지 잘하는 일은 있다.[5]

삼천여 호가 살고 있는 반촌 전체에 출입 금지법이 적용되고 있음을 황윤석은 분명히 밝혔다. 이 법을 두고 성균관이 사법기관과 자주 다투자 아예 적용 범위를 확대하여 시행한 듯하다. 법의 적용을 두고 크게 다툰 사례는 많으나 1775년 대사성 조경趙璥, 1727~1789이 형조판서 구선복具善復, 1718~1787과 다툰 사례가 흥미롭다. 유생이 법을 어기고 공물을 사용했다는 이유로 형조의 형리가 반촌에 들어와 행패를 부린 일이 발생하였다. 조경은 "금리禁吏는 감히 반중에 들어가지 못한다"는 규정을 들어 형조와 논란을 벌였다. 조경은 책임을 지고 국왕에게 사직상소를 올렸고,[6] 결국 대사성 자리에서 삭직되었다. 그러나 뒤이어 갈등을 겪은 형조의 참의로 임명되자 또바로 사직상소를 올렸다. 조경은 이 상소에서 출입 금지와 관련하여 중요한 의견을 제시했다.

아! 금리가 반촌에 감히 들어가지 못하는 것은 본디 400년 동안 전해오는 법규입니다. 근년 이래로 성균관이 조금씩 가벼워지는데 이번 형조의 사건에 이르러 극에 달했습니다. 저 송동과 하마비 모퉁이가 그 이름은 달라도 반궁의 땅인 것은 똑같습니다. 전복典僕과 고직庫直이 하는 일은 달라도 반궁 사람임은 한가지입니다. 반궁 땅 안에서 반인을 붙잡고서 "금리가 반중에 들어가지 않았다"고 하는 말은 강이나 호수에 들어가 물고기를 잡고서 "나는 물고기를 잡지 않았다"고 하는 말과 무엇이 다릅니까? 상말에 "반촌은 문묘의 행랑行廊이다"라는 말이 있습니다. 금리가 반촌에 들어와 소란을 피우지 못하도록 막는 것은 문묘를 존숭하기 때문입니다. 그렇지 않다면 유생들이 어째서 굳이 신에게 하소연하였고, 신 또한 형조판서와 떠들썩하게 언쟁을 되풀이하였겠습니까?7

조경은 형리의 출입 금지가 국초부터 지켜온 법규임을 다시 확인하였다. 여기서 중요한 점은, 이 법이 성균관 일원만이 아니라 반촌 전체에 적용되었고, 유생만이 아니라 반인에게도 적용되었다는 사실이다. 그는 반촌 북쪽 지역인 송동과 하마비가 서 있는 마을 입구도 반촌이므로 여기까지 법이 적용되어야 한다고 강변하였다. '반촌은 문묘의 행랑'이라는 말에 그런 인식이 집약되어 있다. 즉 문묘를 수호하는 행랑과 같은 반촌에 문묘에 적용되는 법을 확대 적용하는 것이 당연하다는 시각이다. 그리고 실제로 적용되었다. 이처럼 반촌에는 일종의 치외법권이란 특별한 혜택이 주어졌다. 다른 장소에는 적용된 적이 없는 이 법은 반촌의 예외성을 잘 드러내준다.

2부

반촌 사람들

5장.

성균관에 예속된 운명

반촌의 주민, 반인의 입지

반촌의 주민은 반인泮人, 반민泮民, 반한泮漢, 관인館人, 관사람, 관노館奴, 반예泮隷, 전복典僕 등 다양한 말로 표현되었다. 호칭은 달라도 성균관에 소속된 사람이라는 뜻임에는 다름이 없다. 반泮과 관館 모두 성균관을 뜻한다. 중요한 점은 자유의지로 성균관에 소속된 게 아니라 강제적 숙명적 예속이었고, 본인만이 아니라 아득히 먼 조상부터 대대로 예속이 이어졌다는 사실이다. 무려 고려 때부터 이어진 뿌리깊은 예속이었다.

반인은 공노비 신분으로 반촌에 거주하면서 성균관의 온갖 업무를 맡았다. 『속대전』에서는 이들을 '성균관 노비'로 부르고 다음과 같이 규정하였다.

성균관 노비는 면천免賤을 허용하지 않는다.(원주: 사학四學과 향교 및 봉상시奉常寺의 노비도 똑같다. 면천할 공로가 있다고 해도 다른 상으로 대체한다.) 본사本司 외에 다른 역사에 동원하지 않는다.(원주: 사학과 제용감濟用監·통례원通禮院 노비도 같다.) 주사舟師와 격군格軍으로 동원하지 않는다.(원주: 사직서 노비도 같다.)[1]

국가기관에 예속된 성균관 노비의 경우, 천민 신분에서 벗어나는 면천이 원천적으로 허용되지 않았다. 성균관 업무에 종사할 최소한의 인원을 확보하려는 방안이었다. 면천할 공로가 있더라도 다른 포상으로 대체하였고, 일반 서민에게 부과되는 부역도 면제받았다. 반인이 노비 신분에서 공식적으로 벗어난 계기는, 1801년의 내시노비內寺奴婢를 혁파한 조치였다.

노비 신분이기는 하나 반인을 단순하게 노비로만 단정하기 어렵다. 반인의 사회적 경제적 문화적 지위가 상당한 수준까지 올라섰고, 양반 신분의 유생이나 조정 관료가 그들을 함부로 부리지 못하였다. 공노비 중에서도 반인은 특별한 위세가 있었다. 유생 그리고 이들이 머무는 하숙집 주인인 반주인 사이에는 노동과 그에 따른 보수의 관계가 명확하였다. 반인은 노비를 소유하여 일을 시키는 등 고용주이기도 했다. 황윤석의 반주인인 이수득李壽得에게는 사내종과 계집종이 있었다. 이봉二奉이라는 노비를 참봉 벼슬을 하는 황윤석에게 잠시 빌려주기도 했다.

안향과 반인의 관계

여기서 우선 짚고 넘어갈 점은, 반인이 대부분 개성에서 한양으로 이주한 이들의 후손이라는 것이다. 반인은 고려 후기의 유학자 안향安珦, 1243~1306이 개성 성균관에 바친 노비의 후예였다. 『고려사』「안향전」에는 그 사실이 나오지 않으나 그의 외손인 성현成俔은 『용재총화慵齋叢話』에서 이렇게 밝힌다.

거란의 침략 이후로 학교는 황폐해지고 문화와 교육은 바닥에 떨어졌다. 문성공 안향 선생이 학교를 보수하였고 녹봉을 바쳤으며 노비 100여 구口를 헌납하였다. 지금 성균관에서 부리는 자는 모두 문성공의 노비이다. 문성공은 그 공적으로 문묘에 배향되었다.[2]

안향이 헌납한 사노비들은 성균관 소속의 공노비로 전환되어 대대로 그 신분을 유지하였다. 이는 많은 기록에서 두루 확인되는 역사적 사실이다. 한 가지 기록을 더 보자. 성종 5년1474에 성균관에서 보고한 기사에 따르면, "본관本館의 노비는 다른 공노비와는 성격이 다릅니다. 문성공 안유安裕가 시납施納한 노비로 문묘의 제향과 유생의 생활 보조, 성균관의 물품 사용을 모두 주선합니다"[3]라고 한다.

안유는 곧 안향이다. 본관은 순흥順興이고, 시호는 문성공이며, 충숙왕 6년1319 문묘에 배향되었다. 안향의 노비 헌납은 반인의 성격을 파악하는 관건 중 하나이다. 반인은 안향을 자기 존재의 연원으로 공경하여 성대하게 받들었다. 18·19세기 학자들은 그 사실을 분명하게 기록하였다. 윤기는 「반중잡영」에서, 유본예柳本藝는 『한경지략漢京識略』에서 다음과 같이 밝히고 있다.

문성공 안유는 본명이 향珦인데 문종의 어명御名을 피하여 유裕로 바꾸었다. 고려 때 찬성사贊成事를 지냈다. 학교의 쇠퇴를 근심하여 중국에 재물을 보내어 공자와 칠십 제자의 화상 및 제기·악기·경서를 사 와서 국학國學을 바로 세웠다. 또 노비 백 명을 헌납하였다. 지금의 반인은 모두 그때 헌납한 노비의 후손이다. 이 때문에 반인이 반촌 북쪽에 제단을 만들어 기일에 제사를 올리고 추모하고 공경하기를 조금도 게을리하지 않는다.[4]

옛날 문성공 안유가 노비 백 명을 성균관에 바쳤다. 그뒤로 노비가 불어나 수천여 명에 이른다. 지금 반촌에 거주하는 주민은 모두 그 자손이다. 매년 9월 12일 공의 기일에 반민들이 돈과 베를 갹출하여 제수품을 성대히 갖추고 제사를 지낸다. 성균관에서도 면포 다섯 필을 내주고, 양현고에서도 쌀을 내주어 제사를 보조한다.[5]

두 편의 인용문에서는 안향과 반인의 관계를 명확히 규정하였다. 당시 반촌에 거주하는 반인이 수천 명이고, 모두 안향 노비의 후손임을 재확인하였다. 제단을 만들어 안향의 제사를 받드는 오래된 제례 풍습에 그 관계가 보이는데 이는 역사적 실체가 있는 제사이다. 9월 12일 안향의 기일이 되면 반인이 모여서 제사를 드렸다. 그때 올리는 고문告文의 양식은 다음과 같다.

아무 해 9월 12일에 성균관 수복 아무개 등은 감히 고려국 선현 문하시
중 문성공 회헌 안 선생께 밝게 고합니다. 엎드려 보건대, 선생께서는 밝
고 빛나는 아름다운 덕으로 우리 국학에 배향되셨습니다. 옛날에는 가
노家奴였고, 오늘날은 문묘의 수복인 저희는 이에 돌아가신 날을 맞이하
여 해마다 맑은 술을 올립니다. 제사를 올리기는 비록 분에 넘치나 옛일
을 그리워하는 마음은 간절합니다. 흠향하소서.[6]

반인 스스로가 안향의 가노였음을 인식하고 그 사실을 밝혔다.
본디 안향은 문묘의 동무東廡에 배향되어 그 제사는 보통 안향 신위
앞에서 올렸다. 그런데 1730년대에 까칠한 유생 황경원黃景源, 1709~
1787이 문묘의 동무에서 사사로이 제사를 올리는 행위는 옳지 않다
고 문제를 제기하였다. 그리하여 숭교방 동쪽으로 제단을 이전하였
다. 그 사실이 남유용南有容의 「안문성공사단기安文成公祠壇記」와 황경
원의 「안공사기安公社記」에 상세하게 나온다. 내용은 조금씩 차이가
있다. 황경원의 글에는 제단을 설립한 동기를 설명하는 반인의 말
이 이렇게 적혀 있다.

저는 숭교방 사람입니다. 저의 옛 주인이신 문성공께서는 고려 때 사재
를 털어 국학을 보수하고 노비 백 명을 들여보내 지키게 하셨습니다. 이
태 뒤에 돌아가시자 선성先聖, 공자을 따라 문묘에 배향되었습니다. 고려
가 망하고 문성공의 노비들은 한성으로 이주하였습니다. 계속하여 국학
에서 일을 맡아 항상 늦가을에는 무리를 거느리고 희생과 술을 갖춰 국
학의 동무에서 문성공에게 제사를 올렸습니다. 올해 여름에 국학의 동

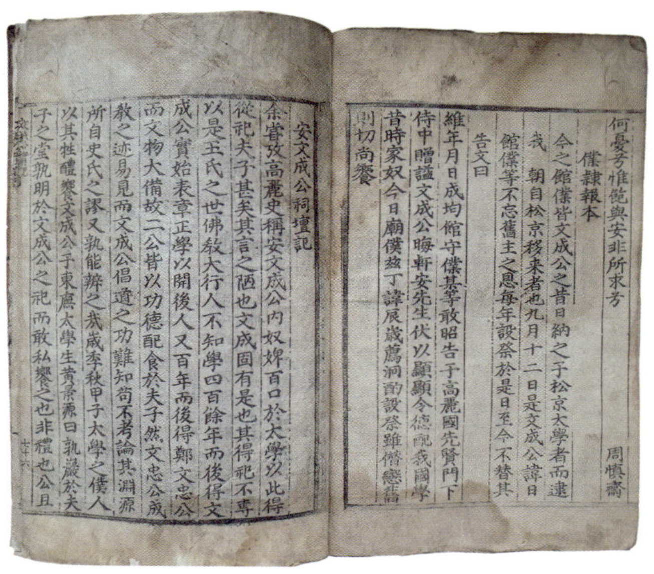

안극권(安克權) 편, 『안문성공실기安文成公實記』 75장과 76장에 수록된 「복예보본僕隸報本」과 「안문성공사단기安文成公祠壇記」, 목판본, 저자 소장, 1766년. 이 책에는 지성균관사 이정보 등의 서문과 안석경(安錫儆)의 발문이 실려 있다. 안향은 성균관의 발전과 반인의 성립에 지대한 공을 세운 인물로 역사상 매우 중요한 위상을 가지고 있다.

무에서 노비들이 제사를 지낼 수 없으므로 다른 장소로 옮기라는 명령을 받았습니다. 저희는 8월 기사己巳일, 숭교방 동쪽에 제단을 만들었습니다. 숭교방 사람들이 선생께서 문성공을 사모한다는 말을 듣고서 저더러 기문을 청하라 했습니다.[7]

제사를 지내는 이유를 반인 스스로 밝히고 있다. 숭교방 동쪽으로 제단을 이전하면서까지 안향의 제사를 지내는 정성을 엿볼 수 있다. 또 남유용과 황경원의 기문 두 편은 18세기까지만 해도 반인 스스로 안향의 가노임을 인정하고, 그를 숭모하는 정성이 깊었음을

보여준다. 반촌에 새로 만들었다는 제단은 현재 성균관 북쪽 성균
관로7길 1에 있는 숭보사崇報祠이다.

반인이 안향의 가노에서 출발한다는 사실은 반인들의 시를 뽑아
만든 『반림영화泮林英華』 속 성씨 기록에서도 유추할 수 있다. 시집
에 명단이 실린 예순두 명 가운데 본관을 밝힌 사람은 모두 쉰두 명
인데 그중 본관이 안향과 마찬가지로 순흥인 성씨가 안씨 다섯 명
과 박씨 세 명이 등장한다. 또 본관을 한양漢陽으로 삼은 성씨가 이
씨 여섯 명, 김씨 일곱 명, 정씨 세 명으로 모두 열여섯 명이다. 본디
노비는 성이 없는 경우가 많고, 성이 있다 해도 본관을 따지지 않았
다. 또한 노비는 주인의 성씨와 본관을 자신의 성과 본관으로 삼는
경우가 많았다. 즉 순흥 안씨 다섯 명과 순흥 박씨 세 명은 안향의
노비였음을 드러낸다. 이외 한양을 본관으로 한 성씨는 본디 성씨
나 본관이 없다가 책을 편찬하면서 본관을 한양으로 삼았다고 추정
한다. 한양을 본관으로 삼은 성은 그리 많지 않다.

개성 출신 반인의 풍속과 기질

반인은 고려 안향의 사노비에서 조선 성균관의 공노비가 되었다.
안향은 본디 경상도 순흥의 향리 집안 출신이었으나 과거에 급제하
고 벼슬한 이래 사망할 때까지 개성 양온동良醞洞에 살았다.[8] 그 후
손은 경기도 파주에 저택과 전답을 마련하였고, 그의 무덤도 파주
에 있었다. 그러니 그의 노비 대다수는 고려 시절 개성 사람이었다.

고려가 망하고 조선이 한양으로 천도하면서 성균관 소속 노비들
은 개성에서 한양으로 이주하였다. 거주지는 바뀌었으나 반인은 집

단거주하면서 직업, 신분과 혈통을 대대로 세습한 까닭에 개성 사람의 독특한 기질과 언어와 풍속을 오랫동안 유지하였다. 그 때문에 한양 주민과는 다른 특이한 이주민 집단으로 각인되었다. 그들의 남다른 특징은 반촌에 드나든 유생에게 관심의 대상이었다.

윤기의 「반중잡영」 제20수와 이옥의 「반촌사정려기頖村四旌閭記」에서는 반인의 유래와 풍속, 기질을 주목하였다.

> 반인은 개성에서 이주해온 이들이다. 그 때문에 말투와 곡하는 소리가 개성 사람과 똑같다. 또 남자의 복색이 화려하고 특이하다. 반인은 기개를 숭상하고 의협심이 강하며, 죽음을 두려워하지 않는다. 왕왕 싸우다가 칼로 가슴을 긋거나 정강이를 찌르기도 한다. 풍습이 대체로 서울과 몹시 다르다.[9]

> 혜화문 안에 숭교방이 있으니 나라의 태학이 세워진 장소이다. 그곳 주민은 모두 조상 대대로 그곳에 거주하고, 공자의 문묘를 지키는 일을 천직으로 삼고 있다. 풍속과 언어가 다른 지역의 주민과 많이 다르다.[10]

이들은 반인을 한양 사람과는 구별되는 풍습과 기질과 말투를 지닌 집단으로 묘사하였다. 윤기는 완력을 뽐내는 힘센 조폭이나 깡패 집단과 유사한 특징을 저들에게서 찾았다. 현방을 운영하고 상업에 종사하는 신분이 낮은 반인에게 걸맞은 특성으로 이를 꼽았다. 앞에 인용한 이규상의 글에서는, 반촌에는 소고기 푸줏간 운영을 직업으로 삼고서 씨름과 석전을 하는 사람이 많다고 언급한 바

있다. 5월 단오에는 마포의 애오개에서 큰 석전대회가 벌어지는데 이때 한양의 양대 세력인 애오개 패거리와 반인이 편을 갈라 돌싸움을 벌여 승패를 겨뤘다. 돌팔매질을 하여 큰 부상자가 속출하는 상무적尚武的 패싸움의 주요한 패가 반인이었다. 이 무렵 마포 도화동에서 큰 씨름대회도 열었는데 여기에도 저 두 패가 나뉘어 승부를 겨뤘다. 이 씨름대회의 긴장감 넘치는 싸움 장면을 이옥은 「마포에서 씨름대회를 본 글湖上觀角力記」에서 흥미진진하게 묘사하였다.

이들은 한양 안에서 섬처럼 존재하는 개성 이주민으로서 그 정체성을 무려 400년이나 굳세게 지켜왔다. 이들의 노래와 말소리가 다른 점을 주목한 지식인이 많았다. 성호星湖 이익李瀷은 반촌의 말투가 상당히 다름을 특별히 지적하였다.[11] 이옥은 '방언方言'을 다룬 글에서 부르고 대답하고 울고 응답하는 말이 다르고, 사용하는 어휘도 달라서 일반 한양 사람과는 차이가 크다고 설명하였다.[12]

반인의 종교생활

개성 이주민이란 정체성은 반인의 종교생활에서도 확인할 수 있다. 반인은 고려 말 비운의 영웅인 최영崔瑩 장군과 그 딸인 영비寧妃를 신령으로 모신 부군당府君堂을 설치하고 제사를 올렸다. 부군당이란 각종 관아에서 신령을 모시던 집을 일컫는데 이러한 민속신앙은 조선 초기부터 존재하였다.[13] 성균관에서는 양현고養賢庫 서쪽에 부군당을 설치하고 최영과 영비의 신령을 모셨다. 그 사실을 기록한 가장 이른 시기의 문헌이 『중종실록』이다. 1511년 3월 29일 기사를 보면, 양현고 안에 부근당付根堂이 있고 국왕이 문묘에 행차했

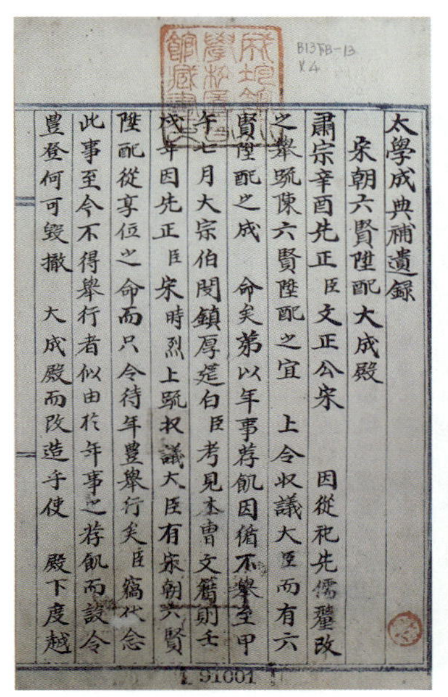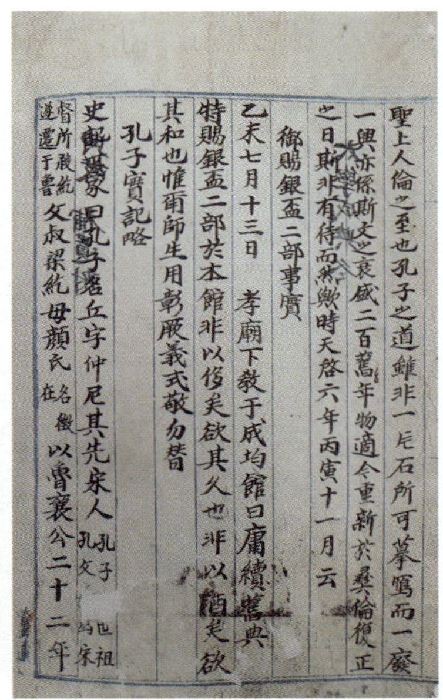

이만부(李萬敷, 1664~1732)가 편찬한 『태학성전太學成典』, 필사본 4책, 성균관대학교 동아시아학술원 존경각 소장. 1689년에 완성한 책으로 당시 기준으로 성균관의 각종 정보를 집성하였다. 이 사본은 이만부 후손이 기증하여 한국국학진흥원에 소장된 3책의 『태학성전』을 필사한 책으로 추정된다.

을 때 대비전에서 사람을 보내 여기에 고사를 지냈다는 기록이 전한다. 부근당은 부군당과 이름만 다를 뿐이다. 그 부근당에서 누구에게 고사를 지냈는지는 말하지 않았으나 틀림없이 최영과 영비일 것이다.

양현고 옆에 있는 부군당은 정조 때 다시 문헌에 등장한다. 1778년 9월 9일 황윤석은 중구절重九節을 맞아 친구와 함께 성균관에 들렀다가 벽송정에 올라서 반촌을 둘러보았다. 그때 부군당에서 최영과 영비의 초상을 보고 이를 자세히 기록하였다. 중종 때 설치한 부근당의 위치와 같으므로 성균관의 부군당은 수백 년 동안 같은 자리에서 전통을 이어간 것이다. 이 전통은 반인의 정체성을 상징한다.
황윤석은 다음과 같이 과정을 세밀하게 기록하였다.

오후에 중건仲建과 더불어 걸어서 명륜당에 들어갔다가 길을 꺾어 계성
사로 향하였다. 그 김에 벽송정에 올라가 동반촌과 서반촌을 내려다보
았다. 객지에서 무료하게 나란히 높은 언덕에 오른 것은 남쪽 고향을
그리워하는 감정이 있어서다. 이에 양현고 서쪽 곁에 있는 부군당에서
고려의 충신인 무민공武愍公 최영의 두 가지 초상〔원주: 동쪽은 금관에 옥
패를 찬 조복이었고, 서쪽은 붉은 갓에 융복을 입고 활과 화살을 찼다〕과 그 딸
인 폐위된 우왕의 영비 초상〔원주: 높은 머리에 꽃을 꽂은 관으로 치장하고
노을빛 치마에 비단부채를 쥐고 무민공의 초상 사이에 자리잡았다〕을 보았
다. 무민공은 사태를 분명하게 보지 못하고 망령되이 요동을 공격하려
하였다가 위화도에서 회군하는 사태를 초래하였다. 그러나 무민공이
죽자 고려가 망하였다. 그가 죽지 않았던들 포은, 목은 같은 여러 원로
는 의지할 곳이 있었으리라! 더구나 전쟁에서 거둔 공훈이 크고 청렴
결백한 지조가 있어 지금도 도성 백성이 무민공의 무덤〔원주: 경기도 고
양에 있다〕 곁에서는 말에서 내려 예를 표하고, 무덤 위에는 풀과 나무
가 자라지 않는다. 개성에서 400년 동안 지금까지 제사를 받을 만하다.
개성에서 한양으로 이주한 반인 역시 차마 잊지를 못하고 있으니 훌륭
하다![14]

최영을 추앙하는 무속신앙은 전국적으로 널리 퍼져 있었고, 현재
까지도 서울 마을굿에서 대표적인 신앙의 대상이다.[15] 부군당이란

무속신앙을 수백 년 동안 지낸 것은 조선 왕조 관아의 풍속 가운데 하나였다.[16] 그러나 유학 교육의 본산인 성균관에서 무속신앙인 부군당의 설치를 허용하였고, 더군다나 최영과 영비를 숭배의 대상으로 삼았으며, 대비전에서 상례로 고사를 지냈다니 뜻밖이다.

최영과 영비를 모신 부군당은 반인의 신앙을 허용했다는 의미로 이해할 수 있다. 공식적으로는 어떤 곳에서도 성균관 부군당의 존재를 거론하지 않았다. 그곳이 유생의 영역이 아니라 오로지 반인의 영역이었기 때문이다. 반인은 개성 사람이라는 뿌리를 잊지 않고 한편으로는 안향을 제사하였고, 한편으로는 최영과 영비를 신앙의 대상으로 모셨다. 아쉽게도 부군당은 근대를 거치면서 흔적도 없이 사라졌다.

6장

반인만의 특수한 세계

반촌의 규모

반인은 반촌에서 신분과 지위, 직업을 세습하면서 조선의 국운이 다할 때까지 존속하였다. 독특한 문화와 생활, 자의식을 지켜가면서 그들만의 특수한 세계를 형성했다. 유례가 없는 일이다. 그들은 조선 왕조 내내 성균관에 예속되었고, 반촌을 벗어나기 힘들었다. 시대가 갈수록 반촌은 반인만이 거주하는 특별한 공간으로 세상에 공인되었다.

먼저 반촌 주민의 규모가 어느 정도였는지 살펴본다. 반촌 주민의 수는 기록마다 시대마다 차이가 있다. 18세기를 전후한 시기의 주민 수를 언급한 기록을 대략 정리하여 밝히면 다음과 같다.

1) 1682년 성균관 관원의 보고에는 전복이 수천여 구□라고 하였다.[1]

2) 1689년에 작성된 『태학성전』에서는 반촌의 노비가 안향이 헌납한 노비의 후예로 1400여 구라고 하였다.

3) 1692년에는 반촌에 거주하는 성균관 전복 및 여염집의 잡인을 모두 합해 400여 호라고 하였다.[2]

4) 1758년에는 대사성 김양택金陽澤이 1만 명 가까운 태학 전복이 흉년을 여러 번 겪는 사이에 갈수록 몹시 빈궁해졌다고 보고하였다.[3]

5) 1771년 4월 11일에 황윤석은 태학 노비가 반촌 남쪽 돌다리 안쪽에 동서로 3000여 호가 산다고 하였다.[4]

6) 1781년에 대사성 서유방徐有防은 성균관 전복의 수가 수천 명에 이른다고 보고하였다.[5]

7) 1790년 3월 23일에 대사성 이면긍李勉兢은 반촌에 800호가 산다고 보고하였다.

8) 1820년 『반림영화』의 발문에서는 반촌에 800호가 산다고 하였다.

반인 주민의 수가 호구로는 400여 호에서 3000여 호, 인구로는 1400여 명에서 1만 명에 근접한다고 하였다.[6] 나열한 기록은 모두 성균관과 밀접히 관련된 자의 것이라 근거로 삼기에 충분하다. 그럼에도 반인의 숫자와 가구수에 대한 기록이 이처럼 크게 차이가 나는 데에는 분명한 이유가 있다. 대사성과 그 이하 관원이 파악하는 반인의 규모와 실제 거주하는 반인의 규모 사이에 격차가 적지 않았음을 의미한다. 남을 고용하여 성균관 일을 맡기고 자신은 다른 일을 하는 등 자유롭게 살아가는 반인이 늘었고, 반인이 일을 시키는 고용인도 적지 않아서 정확한 통계를 내기가 힘들었기 때

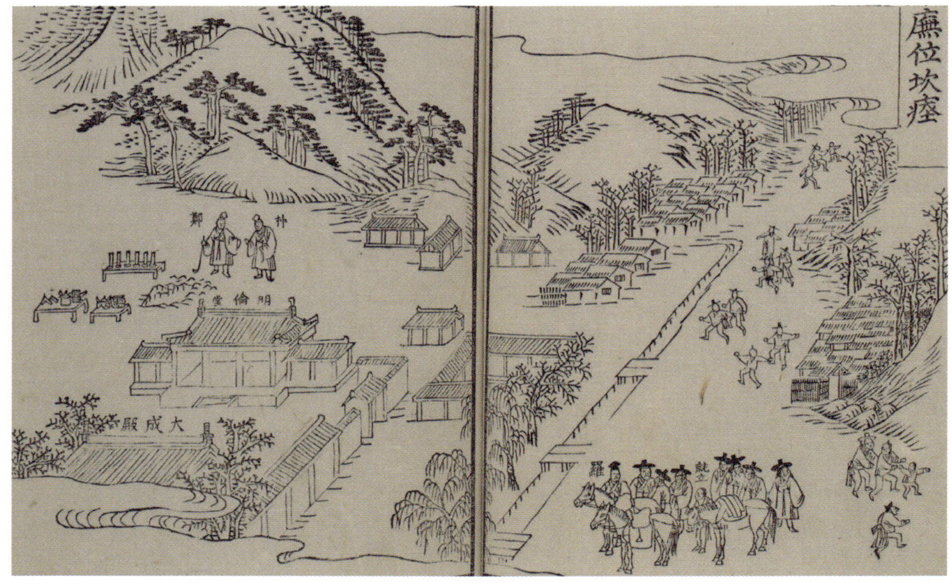

성균관과 반촌. 『정의사호성록』, 〈호성록십이도〉 중 '구덩이를 파고 신주를 묻다〔廡位坎瘞〕'라는 그림. 왼쪽은 명륜당 북쪽에 신주를 묻는 장면으로 그 뒤쪽의 벽송정 일대가 그려졌다. 오른쪽은 동반수 옆쪽의 동반촌 풍경이다. 미국 버클리대학교 동아시아도서관 소장, 고려대학교 민족문화연구원 해외한국학자료센터 제공.

문이다.[7]

『승정원일기』에서 관련 기록을 검토하면, 숙종 때인 17세기 말엽에는 반촌의 호수는 340~400호, 반인의 수는 2000명 정도로 추산하였다.[8] 정조 말년을 기준으로 셈하면 800호에 4000명으로 추산할 수 있다. 성균관에 들어와 의무적으로 일을 해야 하는 가구 위주로 파악한 숫자이다. 100년 사이에 주민의 수가 곱절로 늘었다. 그러면 대략 1만 명을 헤아리는 숫자로 볼 수 있다.

위 기록에서는 시대의 진전에 따라 반인의 인구 증가세가 뚜렷하게 나타나지 않는다. 그러나 반촌 주민은 17세기 내내 꾸준히 늘어

2부. 반촌 사람들

났다. 현종 때부터 성균관에서는 반촌이 협소하니 동반촌 말석교未石橋 아래에 있던 사섬시 옛터를 반촌으로 편입해달라고 거듭 조정에 요청하였다. 1697년에도 대사성 박태순朴泰淳은 반인의 숫자가 늘어나 동반촌이고 서반촌이고 빈 땅이 없다고 하소연하였고, 창경궁과 성균관 사이의 현 성균관로5길에 있는 인가를 철거하는 대신 그 대체지로 사섬시 땅을 요구하였다.[9] 이 요구는 바로 허락받지 못했다. 그로부터 10년 뒤인 1707년, 반인의 숫자는 점차 많아지고 집터는 부족하다고 대사성 이만성李晚成이 호소해 그 땅은 끝내 반인 차지가 되었다.[10]

반인의 거주 이전 제한

주민이 늘어나면서 집터가 부족해지는 문제도 있지만 더 근본적으로는 거주 이전 제한이 반인의 주거 문제에 핵심적 안건으로 등장했다. 반인을 성균관 업무에 묶어두기 위해서는 그들을 반촌에서 벗어나지 못하게 막는 강제가 필요하였다. 반촌은 본래 거주와 소유에 큰 제한이 없었으나 조선 중기를 넘어서면서 반인이 주로 거주하고, 다른 신분과 직업을 가진 사람은 거주하기를 기피하는 곳으로 바뀌었다.[11] 이러한 경향은 시기가 뒤로 갈수록 점차 강화되었다. 몇 가지 주요한 사례를 보면 이렇다.

1697년 7월 28일 대사성 박태순은 성균관 전복은 예전부터 반촌 밖으로 이주하는 것을 허락하지 않았다고 보고하였다. 성균관에 복무하는 견디기 힘든 고역을 대체할 인원이 없어서라는 이유였다.[12] 반인을 성균관에서 일하도록 강제하려면 다른 지역으로의 이주를 금지해야 했다.

1782년 1월 21일 정조는 전복이 반촌을 벗어나 일반 여염집에 거주하는 것은 금령에 속한다면서 반촌에서 가까운 경모궁 남쪽과 북쪽에 거주하는 전복 가운데 경모궁 남쪽에 거주하는 전복을 반촌으로 돌려보내라고 지시하였다.[13]

1788년 11월 6일 형조에서 국왕에게 거주에 관한 금령을 보고하였다. 반인이 반촌 밖에 거주하는 것은 금지 항목에 들어가 있고, 금령의 시행은 대사성과 사법기관의 소관 업무임을 확인하였다.[14] 18세기 후반에는 마포 강변의 소금과 젓갈 점포鹽醢廛의 영업권을 놓고 강민江民과 반인 사이에 큰 분쟁이 발생하였다. 이때 반인이 반촌을 벗어나 마포에서 영업하는 행위를 미리 막고자 저와 같은 금령을 확인하였다.

이처럼 17세기 이래 반인은 반촌을 벗어나 거주할 수 없도록 법제화되어 있었다. 시간이 흐를수록 반촌은 반인이 주민 대다수를 차지하는 집단 거주지로 바뀌었다. 동떨어진 섬처럼 존재하는 반촌은 중세 유럽에 존재했던 게토ghetto, 즉 소수자 집단이 밀집해서 거주하는 지구와 비슷하였다.[15]

반촌에는 정말 반인만 살았을까?

반촌이 본래부터 반인만의 거주지였던 것은 아니다. 다른 신분, 다른 직업을 가진 사람도 섞여 살았다. 조선 전기에는 명문 사대부가 이곳에 터를 잡고 살았다. 반촌이 자연스럽게 반인의 집단 거주지로 변하면서 이곳에 세거하던 명문 사대부와 갈등이 일어났다.

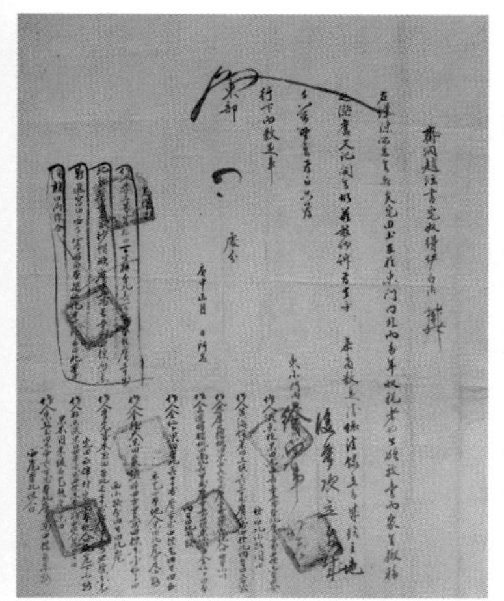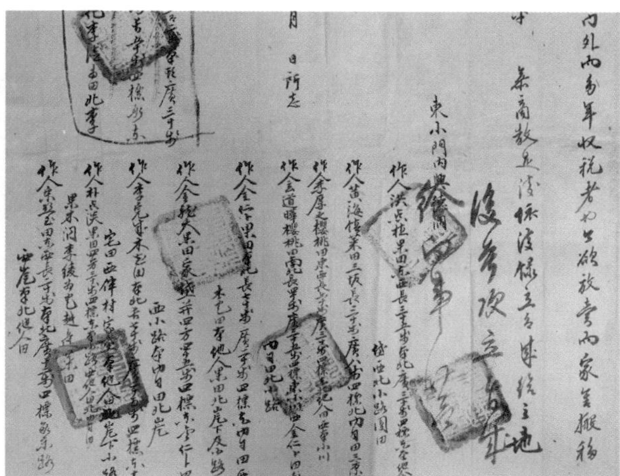

홍덕동 토지문서, 서울역사박물관 소장 사본. 경신년(1800) 정월에 한성부 재동에 거주하는 조주서(趙注書) 댁 노비 득이(得伊)의 발괄(白活) 문서이다. 동소문(혜화문) 홍덕동 소유 토지의 소작인 아홉 명에게서 받은 확인서로 이전에 분실한 토지문서의 소유주임을 인정받고자 하였다. 소작인은 토지를 과수원, 앵도밭, 채소밭, 목화밭, 집터 등으로 사용하고 있었다. 반촌의 북쪽 송동 지역이 주로 과수원과 밭이었고, 양반 사대부가 소유한 전답이 존재했음을 확인할 수 있는 고문서이다.

그로 인해 몇 가지 사건이 벌어졌다.

1743년 일이다. 참판을 지낸 홍호인洪好人의 아들이 반촌 북쪽 송동에 집을 짓고 거주하였는데 이를 두고 조정에서 논란이 불거졌다. 지평持平 조재덕趙載德이 이해 11월 17일에 "반촌 한 구역은 다른 사람이 들어와 살도록 허락하지 않거늘 갑자기 재상의 아들이 함부로 점거하였습니다"[16]라며 상소를 올렸다. 영조의 명에 따라 한성부에서 서둘러 조사했고, 조사한 결과가 『승정원일기』 다음날 기록에 자세히 실려 있다. 내용을 요약하면 다음과 같다.

반촌에 일반인이 들어와 사는 것을 허락하지 않는다. 홍호인의 아들이 반촌의 증주벽립曾朱壁立 각자가 있는 곳 빈터에 정자를 지었

다. 더욱이 하루갈이 밭을 점유하였고, 500여 그루의 반인 소유 과
실수를 빼앗았으며, 그들의 밭을 침탈하여 새로 길을 냈다. 일반 백
성이라도 무겁게 처벌할 일이다.[17]

다음날 홍호인이 상소를 올려 한성부의 조사 결과를 조목조목 반
박하였다. 정자를 세운 곳은 송시열이 거주했던 송동으로 이전부터
사대부가 살던 지역이다. 게다가 응봉 아래는 아무도 살지 않는 공
터로서 반촌에 속하지 않는다고 주장하였다. 그의 반박은 반촌과
그 주변의 현황, 그리고 사대부 거주의 실상을 생생하게 드러낸다.
그 일부를 인용하면 다음과 같다.

백성의 마을이란 민가가 빽빽하게 들어선 곳을 일컫습니다. 이 동네는
휑하니 비어 있는 골짜기로 백성 소유의 집이 한 채도 없으므로 백성의
마을이라 일컫는 것은 잘못입니다. 반촌에는 예로부터 어디나 사대부의
집이 있었으나 집을 팔고 이사한 지 겨우 십몇 년에 지나지 않습니다. 설
령 반촌이라 해도 (사대부가 살지 못한다는) 금지령이 없습니다. 더구나
여기는 반촌과 묏부리 몇 개로 가려져 있는 다른 동네가 아닙니까? 만약
이 동네를 반촌이라 하여 새 법을 만들고 초가집을 짓지 못하도록 금한
다면, 숭교방 전체에서 이 동네와 가까운 땅에서 반촌과 담장과 지붕을
접하고 있는 많은 사대부 집은 모두 죄에 걸릴 것입니다. 만약 반인의 빈
원두막이 바위 위에 있다면 그 아래에 있는 다른 사람의 넓은 땅은 앞으
로 매매하여 집을 짓지 못할 것입니다. 법리로 판단할 때 어떻게 그럴 수
있겠습니까?[18]

2부. 반촌 사람들

주장을 정리하면 다음과 같다. 반촌에는 반인만 살고 사대부는 살지 못한다는 금령이 본디 존재하지 않는다. 반인이 다수 거주하는 실정이 되었다고 해도 사대부가 다른 곳으로 이주한 것은 십수 년 전 일이다. 더욱이 반촌 외곽은 산밑 지대로 이곳에는 마을이 형성되지 않았으므로 반촌의 영역을 송동까지 확대 적용할 수는 없다. 또 반촌 외곽에 자리한 사대부 소유의 집이 적지 않은데 그런 곳까지 금령을 적용하는 것은 옳지 않다.

홍호인의 반론에는 흥미로운 정보가 다수 담겨 있다. 먼저 그는 반촌의 영역을 인가가 밀집된 곳에 한정하여 인가가 드문 외곽 지역은 배제하였다. 영조 중반 시기만 해도 반촌 북쪽의 갯골浦洞과 송동 및 현 혜화동 일대에는 숲과 밭, 그리고 과수원이 많은 동네로 인가가 드문드문 흩어져 있었다. 마을을 형성할 정도는 아니었다. 더 중요한 사실은, 1730년을 전후한 시기부터 반촌에서 점차 양반 주민이 밀려나고 반인이 반촌을 독점하는 추세가 형성되었다. 다양한 주민으로 구성되었던 반촌이 점차 반인의 집단 거주지로 바뀌어갔다. 반인과 그 가구수가 늘어나면서 벌어진 현상이었다. 조재덕은 반인 편에 서서 반촌을 반인만의 마을로 보려 하였으나 홍호인의 주장에 가로막혀 뜻을 이루지 못했다. 홍호인은 조선 초부터 반촌에 세거한 한성판윤 홍명 집안 사람이었기에 그의 주장은 설득력이 있었다.

그렇다고 해도 홍호인은 결국 반촌이 반인의 집단 거주지로 바뀌는 추세를 막지는 못했다. 18세기 중반 이후 반촌은 주민의 대다수가 반인인 마을이 되었다. 다른 신분과 직업을 가진 이들은 반촌에

거주하기를 꺼렸고, 성격이 다른 한양 사람이 제 발로 들어와 살 이
유도 없었다. 다만 법률로 강제할 사안까지는 아니었다. 그렇게 자
연스럽게 반촌은 반인만 사는 동네라는 통념이 굳어졌다.

7장

반촌을 세거지로 삼은 명문가

연안 이씨 관동파

반촌에는 반인만이 거주한다는 통념은 18세기에 형성되어 조선 말까지 변함이 없었다. 실제로는 일반인이나 사대부도 반촌의 안이나 그 외곽에 거주하였다. 심지어는 반촌을 세거지로 삼은 명문가도 있다. 대표적인 집안으로 연안 이씨延安李氏 관동파館洞派와 함종 어씨咸從魚氏가 꼽히고, 그 밖에 남양 홍씨, 남원 윤씨 등이 있다. 이들은 반촌과 그 주변 마을인 낙산 아래 잣골 등으로 세거지를 확장하여 살았다.

그중 첫손가락으로 꼽을 만한 집안이 연안 이씨 관동파이다. 조선 전기의 문신 저헌樗軒 이석형李石亨, 1415~1477부터 시작되는 이 명문가는 조선 말기까지 성균관동, 줄여서 관동館洞 일대에 세거하였기 때문에 관동 이씨館洞李氏 또는 동촌 이씨東村李氏로 불렸다.

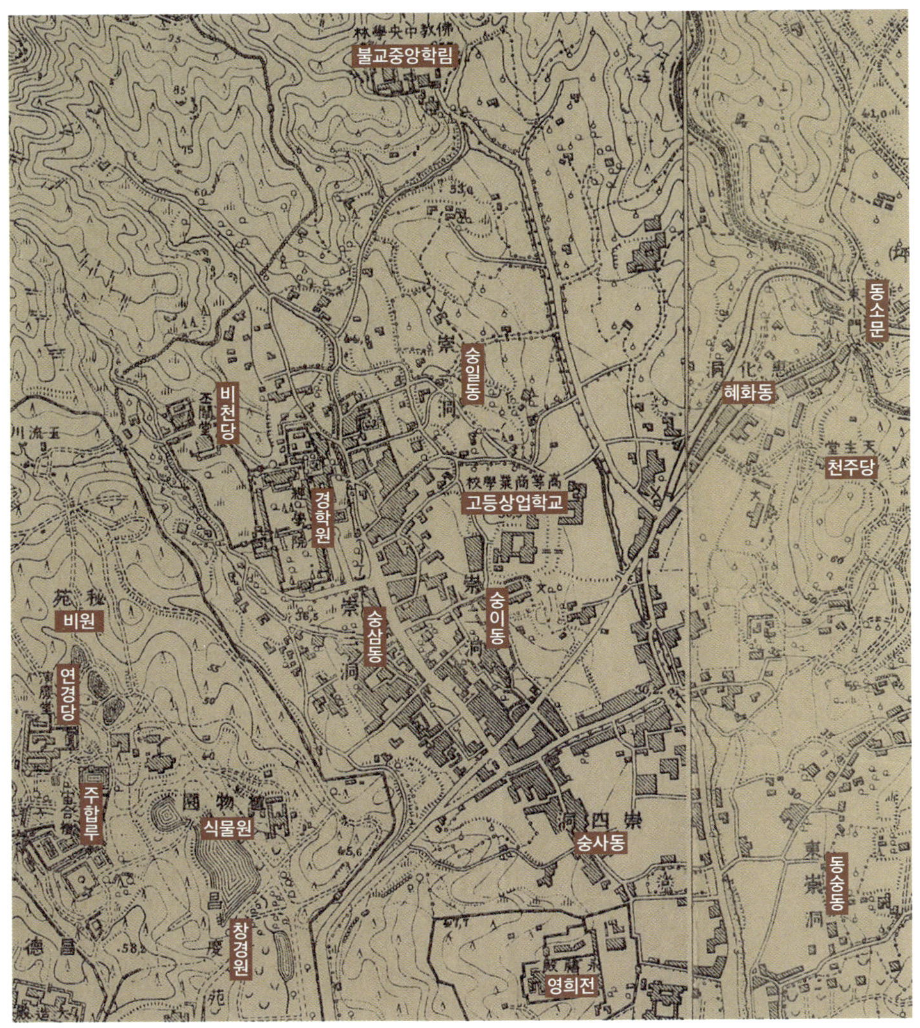

1922년의 반촌 현황. 만분의 일 지형도인 〈경성도〉 가운데 반촌 일대의 현황을 상세하게 기재한 지도이다. 서울역사박물관 소장. 성균관 앞쪽 지역의 옛 반촌 및 혜화문으로 가는 옛 도로 외에는 건물이 거의 없는 현황을 엿볼 수 있다. 창경궁에서 삼선평으로 가는 간선도로를 새로 냈고, 북묘는 불교중앙학림으로, 잣골에는 독일계 천주당이, 숭교의숙 뒤쪽으로 고등상업학교가 설립되었음을 확인할 수 있다.

이석형의 집은 본디 성균관 비천당丕闡堂 자리였는데 나중에 성균관 동쪽으로 이주하였다. 비천당은 1000년 동안 제사를 받을 땅이라는 정도전의 말이 전하는 길지였다. 그가 이주한 동쪽 집에는 고손자인 월사月沙 이정구李廷龜, 1564~1635가 살았는데 혜화역 4번 출구 일대로 추정한다. 이륙李陸이 1484년에 지은 이석형의 행장行狀에는 다음과 같은 대목이 있다.

집 북쪽에는 벽송정이 있는데 그 위는 골짜기가 깊고 그윽하며, 시냇물이 맑고 시원하였다. 좋은 시절 길일이 되면 동네 노인들과 함께 지팡이를 짚고 천천히 걸으며 노래도 하고 술도 마셨다. 날이 저물어 술이 거나하여 돌아오면, 바라보는 이들 모두가 신선이라고 하였다. 또 동산 안에 연못을 파서 연을 심고, 연못가에 정자를 지어 주변에 화훼를 심고는 계일정戒溢亭이라 이름하였다.[1]

이석형의 사망 직후에 쓴 행장에 집 북쪽에 벽송정이 위치한다고 언급하였으니 비천당 주변에 산 적이 있었음을 알 수 있다. 그가 노닐었다고 한 골짜기는 뒤에서 살펴볼 포동이다. 이정구는 관동에 살면서 성균관과 관련한 많은 업적을 쌓았다. 임진왜란으로 완전히 소실된 성균관을 복원하는 사업에 정성을 기울여 대성전과 명륜당의 상량문을 직접 지었다. 지금도 문묘 앞마당에 묘정비廟庭碑가 남아 있는데 문묘의 연혁을 기록한 변계량의 비석을 복원하고 이정구가 그 과정을 기록하여 뒷면에 새겼다.

이정구는 관동 이씨를 중흥시킨 인물이다. 이후 정관재靜觀齋 이단

상李端相, 1628~1669 등 상 자를 돌림자로 쓰는 손자가 줄줄이 태어나 후대에 '팔상八相'이라고 불렸다.[2] 여덟 명의 손자가 문학에 뛰어났기에 그들의 시문을 엮은 『이씨연주집李氏聯珠集』을 남용익南龍翼, 1628~1692이 1683년에 간행하였다. 남용익은 낙산 아래 현 이화동인 호동壺洞에 살아서 호곡壺谷이란 호를 썼으니 저들과 이웃하여 산 인물이다.[3] 이후에도 영의정을 지낸 진암晉菴 이천보李天輔, 1698~1761나 이시수李時秀, 1745~1821, 이만수李晩秀, 1752~1820 형제가 영조와 정조 때 큰 명성을 누렸다. 이처럼 관동 이씨는 지금의 명륜동과 대학로를 중심으로 그 주변 지역에 거주하며 동촌의 터줏대감 노릇을 했다.

관동 이씨는 이정구 때부터 동촌 문화를 주도한 집안이다. 그는 관동 주변에 흩어져 살던 동갑 친구들과 1575년에 갑자동갑계甲子同甲契를 만들고, 계원과 규칙, 활동 등을 『갑계첩甲契帖』으로 남겼다. 조선시대 많이 만들어진 동갑계첩의 초기작으로 가장 유명하여 현재 몇 종의 사본이 전한다.

갑자동갑계 계원은 이정구를 중심으로 어몽린魚夢麟, 이호신李好信, 민형남閔馨男, 조문영趙文英, 현덕승玄德升, 권반權盼, 유숙柳潚, 이수록李綏祿, 박동열朴東說 등 열두 명으로 출발하여 점차 그 수가 늘었다.[4] 대부분 관동 일대에 거주한 명문가의 자손인데 나중에는 문과에 급제하여 관계로 진출하였다. 유숙의 현손인 유제柳濟가 고증한 글에 따르면, 계원 가운데 아홉 명이 반동촌泮東村에 거주한 동반계東泮契였으니 명륜동과 혜화동 일대에 거주한 양반 사대부 계모임이었다. 흥미롭게도 가톨릭대학교 교정에 있었던 송정松亭에서 처음 계를 열었을 때 계원들의 나이가 열두 살이었다. 당시에는 이곳을 잣골栢洞이라 불렀는데 조선 중기에는 강릉 김씨가 여기에 세거했다. 이정구의 친구로 예조판서를 지낸 김첨경金添慶 이래 여덟 명의 판서가 배출된 명당이었다. 앞날이 촉망되는 소년들이 함께 모여 공부하고 친목을 도모하는 모습을 보고서 당시 사람들이 그들을 동촌기동대東村奇童隊라 불렀다고 전한다.

갑자동갑계는 그뒤로 널리 퍼진 동갑계의 모델이 되었고, 그 후손들은 계의 결성을 기념하여 후속 모임을 가졌다. 이정구의 아들로 아버지처럼 대제학을 역임한 이명한李明漢, 1595~1645 형제는 낙동계駱東契를, 이시수와 이만수 형제는 홍천사紅泉社를 결성하였다. 낙동계는 낙산 아래 동촌에 거주한 신익성, 조익, 장유 등 저명한 사대부들과 결성한 계모임이고, 홍천사는 낙산 아래 이화동에서 신작申綽, 1760~1828 삼 형제 등 당대의 저명한 문인들과 맺은 계모임이다.[5] 이들 계모임은 시를 짓는 시사詩社이기도 하다. 양반 사대부는 반촌 중심지에서 점차 외곽으로 이주하며 세거하였는데 그 중심에 관동 이씨가 있었다.

함종 어씨의 흔적

빼놓을 수 없는 반촌의 명문가로 함종 어씨도 꼽을 수 있다. 갑자동갑계의 계원 가운데 어몽린이 포함되어 있는데 그의 집이 사현사四賢祠 남쪽에 있었다. 사현사는 성균관 부속건물로 현 명륜2가 창경궁뜰 아남아파트 자리다.[6]

그의 고손자가 영돈녕부사領敦寧府事 함원부원군咸原府院君 어유구魚有龜, 1675~1740인데 그 딸이 경종의 계비인 선의왕후이다. 그의 집

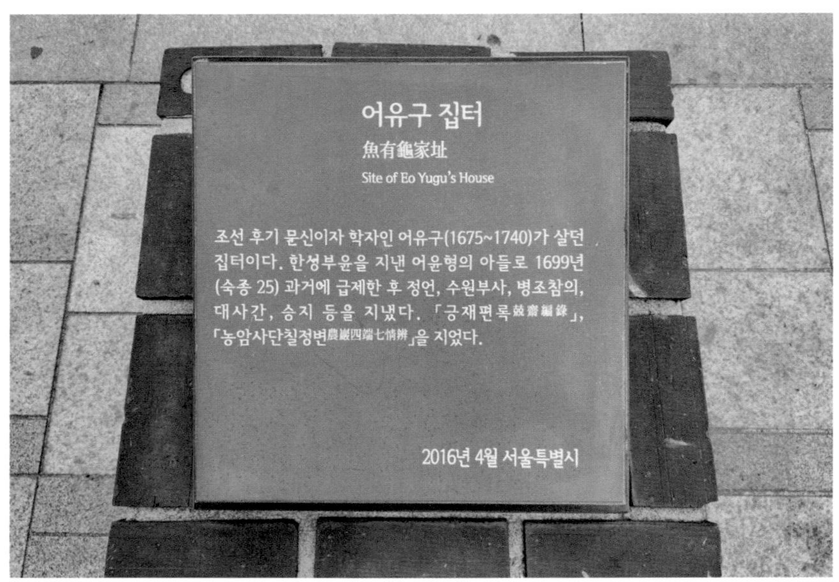

어유구 집터의 표지석. 어유구 집터는 혜화동로터리에서 가까운 명륜2가 창경궁로 도로가에 세워졌다. 이 마을에 우물이 있어 궁안우물 또는 어정동이라 불렸다. 반촌의 대표적 명문가로 이 마을 주변에 후손들이 세거하였다.

이 명륜2가 창경궁로 가에 있었다. 이 마을에는 우물이 있어 궁안우물 또는 어정동御井洞이란 이름으로 불렸다. 일제강점기에 큰 도로가 생기면서 흔적도 없이 사라졌으나 이곳에 세거했던 함종 어씨는 그 주변에 흩어져 거주하였다. 그의 동생으로 영조 때 저명한 학자인 어유봉魚有鵬, 1678~1752은 잣골에 살면서 그 후손대까지 여기에 자리를 잡았다. 그의 손자 어주빈魚周賓, 1737~1781은 자신의 호를 동낙거사東駱居士라 하여 잣골에 거주한 흔적을 호로 드러냈다.

그 밖에도 여러 명가가 반촌 일대에 세거하였는데 남양 홍씨도 손꼽힌다. 조선 왕조 최초의 한성판윤인 홍명洪溟이 반촌에 터를 잡

은 뒤 후손이 숭교방에 세거하였다. 그 후손이 번창하여 반수 동쪽
과 서쪽에 흩어져 살아서, 세상에서는 '서울 동쪽 마을은 홍씨로
가득하다洛陽東村滿地洪'고 했다.7 앞서 6장에서 언급한, 반촌에 사대
부도 거주할 수 있다고 상소를 올린 홍호인이 같은 집안 사람이다.
영조 무렵 홍명의 후손인 홍상언洪尙彦, 1701~1763도 반촌 사현사 부
근에 있던 세거지를 떠나 남산 아래 회현동에 거주하였다. 1724년
사현사가 세워지면서 이주한 것으로 보인다. 그의 외손녀가 바로
정조의 왕비인 효의왕후孝懿王后 김씨이고, 증손이 순조 때의 저명
한 학자인 홍직필洪直弼이다. 홍직필은 「송홍동기宋洪洞記」를 지어
반촌이 자기 집안의 세거지임을 자랑스럽게 말했다.

이들 집안은 모두 왕실과 가까운 명문가로 반촌에 세거하였다.
반촌이 반인의 본거지임은 부정할 수 없으나 명가의 세거지이기도
했음을 기억할 일이다.

8장

송동의 송시열과 포동의 윤휴,
두 거인의 비극

송시열의 송동

반촌의 북쪽에는 송동宋洞과 포동浦洞이라는 동네가 있었다. 지금은 완전히 기억에서 사라진 추억의 공간이다. 명륜1가 명륜파출소 앞 고개를 경계로 동북쪽은 송동, 서남쪽은 포동이다.

송동은 올림픽기념국민생활관 일대에서 혜화동 혜화초등학교 일대까지의 지역이다. 명륜1가의 한 연립빌라 바위 벽면에 송시열宋時烈, 1607~1689이 쓴 '증주벽립曾朱壁立'이라는 네 글자가 새겨져 있어서 17세기 이래 송동의 랜드마크로 유명하였다. 물과 바위가 아름답고, 복숭아와 앵도 같은 화목이 많아 봄철에는 상춘객이 밀려들었다.[1]

본디 송질宋軼, 1454~1520의 큰 저택이 여기에 있었기에 송동으로 불렸다. 그는 중종반정의 공신으로 나중에 영의정을 지낸 명사였다. 그런데 송시열이 1680년 송동으로 옮겨오면서 이후로 송시열의 동네로 바뀌었다. 앞서(6장. 반인만의 특수한 세계) 소개한 홍호인이 1743년 조정에 올린 상소 중에는 이런 대목이 보인다.

신의 집에서 아주 가까운 거리에 동소문 안 흥덕동에서 가장 깊은 곳으로 이른바 송동이 있는데, 여기는 성종 때의 정승 송질의 옛 집터입니다. 옛 신하 송시열도 이 동네에 산 적이 있는데 '증주벽립'이라는 네 글자의 큰 글씨를 검은 바위 위에 썼습니다. 또 그윽하고 널찍한 산수의 멋이 있어 옛날부터 사대부들이 예사로 왕래하며 그 사이에서 시를 읊조렸으니, 오래전부터 동촌東村의 명승입니다.[2]

홍호인은 송동의 주인을 송질과 송시열 두 사람으로 인정하였다. 송질이 송동의 원주인이라는 증거는 이 밖에도 곳곳에 남아 있다. 다만 18세기 이후에는 송시열로 완전히 교체되어 현재에 이른다.

윤휴의 포동

송시열이 송동의 주인으로 살 때 그의 정적인 백호白湖 윤휴尹鑴, 1617~1680가 포동에 살고 있었다. 포동은 송동보다 인식이 덜 되어서인지 밝혀진 역사가 없다. 그 위치는 대략 명륜2가 성균관대 후문 일대로 동반수의 상류이다. 우리말로는 개울이라는 뜻의 갯골로 표기하는데 한자로는 포동浦洞 또는 포곡浦谷이라 쓴다. 『동국여지비고』에는 "포곡은 성균관 북쪽 산비탈 아래에 있다"고 나온다.

성균관 유생들은 벽송정을 통해서 포동으로 갈 수 있었으니 성균관대 도서관에서 후문으로 내려가면 만나는 골목이다. 성균관을 자

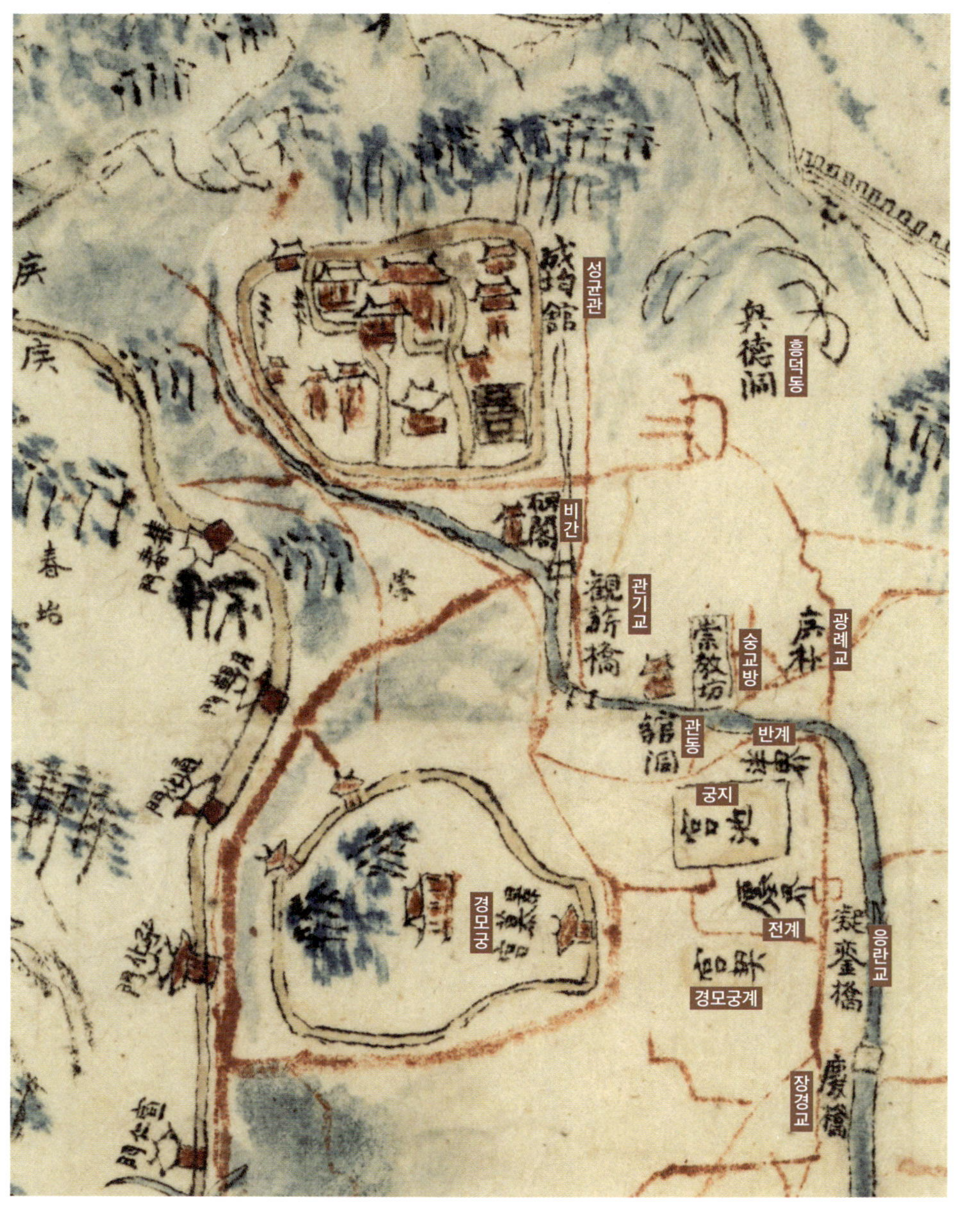

18세기 후반의 〈한양전도〉, 서울역사박물관 소장. 성균관의 반수에서 경모궁의 홍덕동천으로 이어지는 물길과 다리가 잘 묘사되어 있다. 경모궁 동쪽의 궁지(宮池) 남북에 각각 '반계(泮界)'와 '전계(廛界)'가 표기되어 있다. 반수와 홍덕동천 위에 관기교, 광례교, 응란교, 장경교 등 다리가 표시되어 있다. 양현고 북쪽의 포동과 혜화초등학교 뒤쪽의 송동은 이 지도에 표시되어 있지 않으나 1914년에 제작된 〈경성부시가강계도〉(36쪽 참고)에는 정확하게 표기되어 있다. 포동은 성균관대학교 후문 일대이고, 송동은 북묘에서 혜화초등학교 주변까지의 넓은 지역임을 알 수 있다.

주 드나들며 시험을 치렀던 유만주俞晚柱, 1755~1788는 1787년 봄이 한창일 때 성균관에서 시험을 치르고 벽송정에 올랐다가 포동 일대를 둘러본 뒤 다음과 같은 소감을 일기에 남겼다.

또 벽송정에서 더 높은 곳으로 올라갔다. 포동 동산을 멀리서 바라보니 꽃나무 한 그루가 유난히 활짝 피어 꽃송이로 가득했다. 흰빛이 엷게 감도는 연분홍 빛깔인 것을 보니 살구꽃인 듯하였다. 바위산은 빛이 밝고 고우며, 겹겹의 기와지붕은 밝고도 깨끗하여 남쪽 동네가 미칠 바가 정말 아니다. 산골짜기에서 움푹 들어간 자락에도 초가집이 붙어 있는데 빈궁한 반인이 사는 집일 듯하다. 솔바람 소리를 가만히 들었다. 이것이 인간 세상의 관현악이 흉내낼 수 있는 소리일까? 얻고 잃는 것을 모르고 겪는 애환과 고락은 저 소소한 초가집에도 있겠지. 이른바 인생이란 그저 우스울 뿐이다. 계성사에서 길을 따라 내려가다 문득 임이주任履周, 1761~?를 마주치게 되어 몸을 숨겼다. 비천당으로 가서 빈 뜰에 짙어가는 녹음을 구경하다가 남을 따라 전계로 갔다. 다시 걸어서 포동 동산의 꽃을 구경하였다. 마침내 걸어서 광례교를 보고 경모궁 밖에 새로 만든 궁지를 구경하였다. 못물은 넘실대고 수양버들이 사방에 드리웠다. 섬 가운데 작은 석가산이 있고, 봄꽃이 홀로 피어 붉은 꽃송이가 붙어 있다. 걸음으로 못을 재어보니 채 백 보가 넘지 않을 만큼 몹시 좁았다.[3]

성균관대 교수회관 부근 응봉 자락에서 내려다본 포동의 풍경이다. 포동의 위치와 풍경을 아련하게 묘사하고 정조가 새로 조성한 광례교와 궁지를 차례로 묘사한 서정적 소품이다.

지금은 개울이 완전히 복개되고, 빌라촌이 그 위를 뒤덮어서 옛 흔적을 찾기 어렵지만 유만주의 일기로 알 수 있듯이 포동은 경치가 아름답기로 유명하였다. 조선 초에는 쌍계동雙溪洞이란 이름의 명승지로 알려졌다. 대학로의 이화동에도 쌍계동이 있으나 이와 이름은 같지만 위치가 다르다. 성종 때 이조참판을 지낸 김뉴金紐가 만년에 쌍계동이라 이름하고 쌍계재雙溪齋를 세웠다는데, 그 위치에 대해 서거정徐居正은 화봉華峯 아래라고 하였고, 『해동잡록』에는 "성균관 북쪽 골짜기에 쌍계재를 지었다"고 나오니 응봉 아래 골짜기인 포동임이 분명하다.

당대의 문장가 서거정은 「쌍계재기雙溪齋記」를, 강희맹姜希孟은 「쌍계재부雙溪齋賦」를 지어 그 아름다움을 찬미하였다. 강희맹은 이곳이 반궁의 동쪽 모퉁이泮宮東隈에 있고, "반수를 거슬러 집터를 찾다가 근원 끝까지 찾아서 얻었다尋泮水以探討兮, 竟窮源而有獲"고 하였으며, "벽송정에 바람 불고 안개가 자욱할 때 성균관에서는 경서 외우는 소리 들린다暗風煙兮碧松, 咽絃誦兮夫子之宮"고 묘사하였다. 그 위치가 포동과 동일하다.

그뒤 중종 때 예조참판을 지낸 최명창崔命昌이 나이가 들어 거주하였고, 그 집터를 차지한 삼휴자三休子 윤관尹寬, 1490~1550이 집을 지어 살았다. 윤관의 고손자가 바로 윤휴이다. 고조부 이래로 살던 집터에 윤휴는 44세 되던 1660년에 새로 집을 지었다. 그의 연보에는 이렇게 썼다.

쌍계동은 반수의 동쪽에 있다. 곧 송석松石 최명창의 옛 집터로 고조부

석당石塘 이유신의 〈포동춘지浦洞春池〉. 30.2×35.5㎝, 개인 소장. 여기에는 천원(泉源)이란 호를 쓴 시인의 시가 적혀 있다. "포동 개울에는 물이 맑고, 포동의 노을에는 꽃이 향기롭네. 풀밭에 앉아 시 읊고 술 마시며, 물을 보다 또 꽃을 보네(水淸浦洞漱, 花香浦洞霞. 詩樽芳艸上, 看水又看花)." 정조와 순조 연간의 저명한 화가가 그린 그림이다. 봄철 상춘객이 몰리던 포동의 못가에서 선비들이 모여 시를 짓고 술을 마시는 풍경을 묘사하였다. 조선 전기부터 명승지로 알려진 포동의 멋을 묘사한 하나뿐인 그림이다.

삼휴자 공이 집을 짓고 살았다. 형세가 깊숙하여 본디 경치가 좋았는데 이때 선생이 집을 짓고 나서 입주하였다.

쌍계동에서 이름이 바뀐 포동을 차지한 명사의 계보가 분명하게 밝혀진다. 또 이홍상李弘相, 1619~?이란 사대부가 윤휴와 담장을 끼고 살았는데 그는 이정구의 손자이자 이소한李昭漢의 아들로 호를 동곽

東郭이라 했다.

포동과 송동은 언덕 하나를 사이에 둔 동네로 모두 한양의 명승지로 이름이 났다. 포동은 동반수 상류에, 송동은 흥덕동천興德洞川 상류에 있는데 그 중간에 자리한 언덕이 이를 가로막아 각기 다른 물길로 흐르다가 혜화역 앞에서 만나 청계천으로 들어간다. 정조 말엽에는 포동에 연못이 있어 이곳의 연꽃이 아름다웠다 한다. 이에 정조 말엽 성균관에서 공부하던 영남 유생 김용한金龍翰, 1738~1806은 벗들과 함께 송동을 찾아가 앵도를 맛보고 돌아오는 길에 포동을 들러「귀로에 제동霽洞을 들어가 연못의 연꽃을 감상하였다歸路入霽洞翫池蓮」라는 시를 지었다. 제동은 포동의 다른 이름이다. 이 시의 앞 대목에서 "솔밭과 과수원 사이에 문득 연꽃이 나타나니, 성시와 산림은 별다른 세계로다松田果圃忽地蓮, 城市山林別是天"라고 읊었다.[4] 반수 상류인 포동에 연못이 있어 유생이 찾은 것인데 이유신李維新의 그림을 통해서도 이 연못을 확인할 수 있다.

언덕을 경계로 한 원수지간

오랫동안 조정의 명사들이 거주한 이곳에 17세기 후반 역사에서 빼놓을 수 없는 거인 송시열과 윤휴가 살았다. 두 사람이 극단적으로 갈등을 겪다가 모두 비극적으로 죽임을 당하는 큰 사건이 벌어지는데 사건의 전개에는 이들의 주거지도 등장한다. 본래는 친구였던 송동의 송시열과 포동의 윤휴는 서로 당론이 달라 부딪친다. 그러던 중 예송禮訟 문제로 반목하다가 끝내 송시열이 윤휴를 사문난적이라는 죄목을 씌워 죽게 하였다. 임천상任天常의 『시필試筆』에는 다음과 같은 글이 전한다.

정승 송시열과 윤휴는 처음에는 사이가 좋아서 성균관 동북쪽 언덕을 사이에 두고 떨어져 살았다. 송시열이 거주하는 곳은 드디어 송동이 되었는데 윤휴의 집은 본래 '개골盖谷'이라 불렀다. 예론禮論이 달라 갈라선 뒤로는 극심한 원수가 되었다. 그러자 송시열은 개골을 개골狗洞이라 불렀고, 심지어는 "저 개골의 문을 바라보니, 수레와 말이 구름처럼 모여드네瞻彼狗之門, 車馬如雲屯"라는 시를 짓기까지 하였다.[5]

송시열은 노론의 영수이고, 윤휴는 남인의 영수로 서로 당파가 달랐다. 윤휴 집안은 본디 소북이었으나 뒤에는 남인으로 행세하였다. 송시열이 주자를 충실하게 따르는 보수적 태도를 보였다면, 윤휴는 경서 자체를 존중하고 주자의 학설을 회의하여 비판적 태도를 보였다. 또 1659년 효종이 사망하자 그 모후母后인 자의대비慈懿大妃가 상복을 몇 년 입어야 하느냐라는 문제로 갈등을 벌였다. 상복 문제는 온갖 갈등이 표면화한 것이었는데 그 투쟁의 결과 1680년 송시열이 윤휴를 사문난적으로 몰아 사약을 내려 죽게 하였다.

나중에 기사환국으로 남인들이 다시 정권을 잡자 1689년에 송시열에게 사약을 내려 죽이는 보복을 하였다. 송동과 포동에 산 두 거인은 이렇게 제 명에 죽지 못하고 비극적 종말을 맞았다. 이는 조선 후기 정치사에서 가장 중요한 사건으로 꼽힌다.

개같은 개골, 당파의 골

윤휴는 평소 세거지 갯골을 '날이 개다'라는 뜻의 '제霽'자를 써서 제동霽洞이란 우아한 말로 표기하였다. 또 46세 때에는 포동의 집에 하헌夏軒이란 편액을 걸고 학문에 전념하기도 했다. 그런데 송시열은 사람이 싫다며 윤휴가 사는 동네를 비하하여 '개골狗洞'로 표기하였다. 1675년 이후 둘 사이의 반목이 극심해지자 송시열은 윤휴를 '개골'이나 '개狗'로, 그 아들을 '개자식狗子'으로, 그를 따르는 이를 '개의 문하狗門' '개의 손님狗客, 犬客'으로 표현하였다.6 이는 그와 제자들의 문집 수십 군데에 비슷한 표현으로 꽤 많이 등장한다. 송시열의 「시사時事에 느낀 바가 있어感事」라는 시를 보면 다음과 같다.

『서경』은 사대 때문에 고귀하고	書因四代貴
『시경』은 이남 때문에 높건마는	詩以二南尊
어찌하여 누렁이 개 같은 이는	如何黃犬客
미워하고 성내어 살펴보지 않을까	惡怒不曾原

여기서 '누렁이 개 같은 이黃犬客'는 윤휴를 가리키는데 『서경』과 『시경』 같은 유학의 경서를 회의적 태도로 본다며 윤휴를 미워하여 대놓고 욕설한 표현이다. 아무리 사이가 좋지 않다고 해도 조정의 대신이자 당대의 학자를 대놓고 개라고 낮춰 부른 것은 도에 넘친다. 윤휴 자신도 반발했을 뿐만 아니라 소론 학자인 윤광소尹光紹도 선비 문하에는 이런 어법이 없어서 보기 싫다고 하였다. 반면 김창흡金昌翕 이후 조선 말기까지 노론 학자는 송시열을 두둔하였다.

북묘(北廟) 본당 정면 사진. 일제강점기 초기의 유리건판, 국립중앙박물관 소장. 종로구 성균관로 91에 있는 올림픽기념국민생활관 자리에 있었다. 본래는 조선 태조가 태종 1년(1401)에 창건한 흥덕사(興德寺)가 있던 곳이다. 연산군 때 폐사가 되었으나 이 주변은 흥덕동이란 이름으로 불렸고, 풍경이 아름답다고 이름난 명승지였다. 1883년 임오군란 때 명성황후가 도움을 받은 무당 진령군(眞靈君)을 위해 관우를 제사하는 북묘를 세웠는데 1913년에 동묘와 합사한 후 철거되었다. 이후 그 자리에 불교전문학교와 보성고교 등 주로 학교가 들어섰다. 현재는 하마비만 남아 있고, 고종이 글을 쓰고, 민영환이 글씨를 쓴 북묘묘정비는 국립중앙박물관 뒤뜰에 세워져 있다.

송시열을 따르는 유창兪瑒이란 학자는 '개골'에 세거하여 윤휴가 그런 개같은 짓을 했으니 군자라면 반드시 주거지를 가려서 살아야 한다고 소견을 밝혔다. 한양의 으뜸가는 명승지로 꼽힌 갯골을 욕보임으로써 지역에 대한 혐오감을 부추겼다.7

송시열 사후 영조가 등극하면서 노론은 정권을 독점하였고 조선 후기 내내 그 권력을 손에서 놓지 않았다. 1728년 이인좌가 중심이 되어 정국을 뒤흔드는 큰 반란을 일으켰는데 그는 윤휴의 외손서,

곧 외손녀의 남편이었다. 소론과 남인이 주축이 되어 노비 계층까지 합세하여 일으킨 이 반란에 그 후손들이 연루되었다. 반란이 평정되고 그의 후손 여럿이 죽임을 당하거나 유배되어 재기불능의 상태가 되었다. 18세기 최대의 반란 사건인 이인좌의 난을 거치며 송동에 비해 포동의 위상이 확연히 기울었다.

그 실태는 반란이 일어나고 몇 년 뒤인 영조 12년1736 2월의 사건을 통해 짐작할 수 있다. 전라도 광주 출신의 노론 학자인 박중거朴重擧, 1686~1742는 반인들이 문묘 근처에서 돈을 모아 산대놀이 공연을 벌였다고 상소하였다. 청나라 칙사를 접대하는 데 쓸 산대놀이를 무엄하게도 엄숙한 성균관 근처에서 벌였다는 고발이었다.

성균관에서는 다음과 같이 해명하였다. 반궁 동북쪽에 이른바 포동이 있는데 산등성이 몇 개를 넘어야 하는, 반궁과 멀리 떨어진 별개의 성 모퉁이 외딴곳이다. 그러니 포동에서 산대놀이를 벌인 일은 큰 문제가 아니다. 반인들의 말에 따르면, 포동은 그들의 거주지가 아니고 이전부터 사람이 살지 않는 버려진 땅이다. 나례도감을 설치할 때 광대와 무당이 이곳에 드나들며 기예를 연습하는 곳으로 쓴 것이 이미 관습처럼 굳어졌다고 해명하였다. 성균관에서는 죄를 모면하기 위해 포동을 아예 버려진 땅으로 취급하였으나 이러한 말에는 어느 정도의 실상이 반영되어 있다. 윤휴가 사망한 뒤 50년이 흘러 포동은 주변의 다른 지역보다 낙후된 외진 땅으로 여겨졌다.

세월이 흘러 정조 21년1797 4월 초에 송시열의 봉사손奉祀孫 송흠서宋欽書가 황해도 재령 현감으로 부임하면서 신주와 초상화를 임소로 받들고 갔다. 그 소식이 전해지자 서울의 노론 인사들이 대거 신

2부. 반촌 사람들

주를 배알하러 동작나루로 몰려갔다. 처음에는 신주를 예전에 머물던 반촌의 송동에 모시려 했으나 반대 의견이 있어서 정동貞洞에 거주한 후손 송환장宋煥章의 집에 모셨다. 송시열의 신주를 배알하고 모시는 장소를 선정하는 데에는 국왕의 지시가 있었다. 『정조실록』은 대사성 이하 관료와 선비에게 서울을 떠난 지 백 년 만에 다시 서울로 들어오는 송시열의 신주를 배알하라는 지시를 기록했다. 또 『홍재전서』「일득록」에는 정조의 말이 이렇게 적혀 있다.

> 문정공〔역자주: 송시열〕에게 제사드릴 때 신주를 잠시 송동에서 받들려고 했다 한다. 그런데 산등성이가 이어진 땅은 곧 윤휴가 살던 포동이다. 문정공이 한평생 깊이 미워하며 통렬히 배척한 사람이 윤휴였으니, 문정공의 영혼이 그래 거기에서 편안하겠는가? 내가 그리로 가지 말라고 당부한 까닭이 여기에 있다.[8]

송동은 송시열의 정적 윤휴가 살던 포동과 가까우니 거기에 신주를 모시면 그의 혼령이 편치 않으리라는 이유를 들이댔다. 이는 후일담이고, 정조는 당시에 비공식적으로 우의정 심환지沈煥之에게 지시를 내렸다. 심환지에게 보낸 4월 6일자 비밀 어찰에 그 내용이 자세히 나온다. 그 어찰에서 정조는 송동에는 성균관 노비로서 제자들을 가르친 정학수의 서재가 있고, 윤휴가 살던 포동과도 멀지 않아서 송시열을 미워하는 무리에게 모욕당하는 말이 나올 수 있다며 반대하였다.[9] 앞에서 인용한 김용한은 송동을 거쳐 포동에 들렀을 때 포동을 제동이라 쓰고, 이곳이 윤휴의 집터임을 밝혔다.[10] 남인

들은 포동을 윤휴의 고택이 있었던 유적지로 추억했기에 정조의 염
려가 아무 근거가 없는 건 아니었다. 백 년이 넘은 뒤에도 송동과 포
동에서의 악연과 원한은 계속되었다.

9장

성균관과 반촌을 빛낸 대사성

반인의 대변자, 대사성

성균관은 대사성 이하 교육 관료와 중간 관리자인 서리書吏, 실무와 재정을 맡은 전복, 그리고 교육의 대상인 유생으로 구성되었다. 오늘날의 대학과 마찬가지로 교원과 직원, 학생의 체제를 갖춘 셈이다. 여기서 대사성은 성균관의 업무 전체를 책임지는 수장으로서, 교직원과 유생의 관리뿐 아니라 반촌과 반인까지 관리하였다. 대사성의 입장에서는 반인의 권익을 찾는 노력을 기울이지 않을 수 없었다. 그래서 공적 기록에는 반인의 처우와 이익의 대변자로 대사성이 자주 등장한다.

『경국대전』과 『육전조례』 등 법전에 따르면, 성균관 소속 관료는 35명에서 37명에 이른다. 정3품 대사성 1명을 정점으로 종3품 사성司成 2명을 포함하여 사예司藝, 직강直講, 전적典籍, 박사博士, 학정學正,

학록學錄, 학유學諭 등이 소속되었다. 여기에 이들을 지휘하는 정2품 지성균관사知成均館事와 종2품 동지성균관사同知成均館事 각 1명이 따로 있었다. 두 사람은 대사성보다 품계가 높지만 겸직이었다. 그중 지성균관사는 으레 대제학이 겸직하였다. 모두 합해 32명인데 이 정원은 조선시대 내내 큰 변동이 없었고, 국가로부터 녹봉을 받는 정규직 교육 관료였다.

대사성은 6조 판서보다 품계가 두 단계 낮았다. 이에 불만을 품은 이들이 있었는데, 유형원은 『반계수록』에서 대사성을 판서와 같은 품계로 높이고, 교직원의 수도 정규 관료는 13명, 서리는 9명, 조예皁隸는 96명, 소사小史는 63명으로 임용하여 정해진 급료를 주자고 제안하였다.[1] 하지만 그의 제안은 받아들여지지 않았다.

관료를 보좌하는 실무진 아전은 수십 명에 이른다. 『태학성전』에는 이들이 맡은 업무를 자세히 규정하였다. 그중 서리는 양현고 소속 5명을 포함하여 모두 16명이었다. 그 밖에 고직庫直 1명, 사령 40명, 군사 7명으로 모두 64명이었다. 『육전조례』에는 본관에 77명, 양현고에 7명의 아전이 있다고 했는데 겸직도 하여 몇 명은 중복된다. 서리는 신분상 중인에 속했다.

대사성은 더 많은 설명이 필요하다. 1392년에서 1897년까지 조선시대 전체로 보면, 대사성 총수는 1261명이다. 고종 말엽에 제작된 주요 관원 인명록인 『청선고淸選考』에 정리된 대사성의 총수를 헤아리면 1256명이어서 큰 차이가 없다. 중복으로 임용된 숫자를 제외한 계산으로 평균 4.8개월 정도 재임하였다.[2]

조선 전기의 세종까지는 900일이란 정해진 임기를 채워 재임하

淸選考卷五

泮長

太祖

劉敞 壬申 見錄勳
權近 癸酉 見文衡
李伯由 甲戌 見本兵
金若恒 乙亥 前朝科

太宗

咸傳霖 丙子 見耆社
趙璞 見宗伯
李孟畇 甲午 見天官
黃鉉
趙庸 見祖豆
金稠 前朝科
金涉 見大苑
尹祥
金鈞 見耆社
金末 見耆社
權遇 乙丑 見大苑
金泮
卓愼
琴柔

世宗

卞季良 壬寅 見文衡
吳點
李阜 前朝科
權採 壬子 見文衡
薛緯
鄭坤 前朝科
李吉培 前朝科
尹淮 見文衡
權踶 見文衡
鄭麟趾 見台司
魚孝瞻 見天官

世祖

李石亨 見文苑
申叔舟 丙子 見台司
崔恒 己卯 見台司
金禮蒙 見宗伯
鄭昌孫 丙子 見台司
李禮孫
宋慶儠
崔漢卿
崔士老
申自繩
徐岡
姜老
徐居正 見文衡
金来濡 見耆社
鄭自英 見宗伯
金新民 見文苑

成宗

李陸 庚寅 見亞銓
孔順
權綹 壬辰
盧自亨
柳輊 見貳卿
趙杜
李塤
安知歸
俞希益
林守謙
韓堰 甲午 見亞銓
權健 見文苑
李文興
李則
成俔 己亥二科 見大苑
鄭孝恒 辛丑 見文官
柳洵 見台司
蔡壽 戊申 見文衡
洪貴達 辛亥 見文衡
金諶 壬子

『청선고淸選考』 권5의 반장(泮長) 선생안(先生案)의 초기 대사성 명단. 서울대학교 규장각한국학연구원 소장(서울대학교 중앙도서관 소장 자료). 반장은 반궁(泮宮, 성균관)의 우두머리로 곧 대사성을 가리킨다. 선생안에 수록된 대사성은 모두 1256명에 이른다. 세종 때에는 33년 재위 동안 9명의 대사성이 재임하여 이른바 구임(久任, 한 직책에 오래 근무하는 임용)의 전통을 세웠다. 그러나 철종 때 113명, 고종 때 336명의 대사성이 명단에 올라 거의 달마다 대사성이 교체되는 난맥상이 자행되어 부실한 국정 운영 실태를 드러냈다.

였고 이후에는 점차 재임 기간이 짧아졌으나 그래도 조선 전기에는 2년 정도 임기를 채웠다. 조선 후기에는 임기가 더 짧아져 1년을 넘기지 않았다. 고종 시대에는 극단적으로 짧아져 겨우 1개월 남짓 재임했을 뿐이다. 진리를 탐구하는 학교의 교육 책임자로서 대사성이 능력을 발휘할 여건이 되지 않았다. 여관에 들러 자고 가는 나그네처럼 대사성은 성균관을 거쳐가는 직장으로 관리하는 모양새를 연출하였다. 갈수록 성균관 교육은 부실해지고, 최상위 고등직업학교로서 과거시험 관리기관의 기능에 만족하는 현상이 벌어졌다.

그러니 대사성으로 명망이 높은 인물은 장기간 근무한 조선 전기에 다수 배출되었다. 김구金鉤와 김반金泮, 김말金末, 윤상尹祥 같은 이들이 오랜 기간 대사성을 지내며 교육 관료로서 명성을 남겼다. 중종 때에는 윤탁尹倬이 8년 넘게 대사성에 재직하면서 인재를 배출했는데 그 문하에서 송인수宋麟壽, 이황李滉 등이 배출되었다.[3]

대사성 이정보

조선 후기에도 특별히 기억할 만한 대사성이 없지는 않다. 반인이 은덕을 잊지 못하는 대사성으로는 윤성준尹星駿이 있다. 그는 유생이 식당에서 식사할 때 여종이 상을 가져와 시중들게 하는 폐습을 없애주었다. 그 은덕을 갚고자 반촌에서는 생사당을 세워서 기렸다.

삼주三洲 이정보李鼎輔, 1693~1766도 빼놓을 수 없다. 관동 이씨의 명사 이일상李一相의 증손으로 이정구 이래 삼대가 내리 대제학이 되었는데 그 역시 대제학이었다. 반촌에 세거하며 대제학을 대대로

성균관 명륜당 앞의 은행나무. 대사성 윤탁이 1519년 명륜당 뜰에 은행나무 곧 문행(文杏) 두 그루를 마주보게 심고서 "뿌리가 깊으면 가지와 잎이 반드시 무성해진다(根深者, 未必茂)"는 말로 유생을 격려하였다. 심은 지 500년이 넘은 서울의 대표적 은행나무로서 천연기념물로 지정하여 보호하고 있다. 은행나무는 공자의 교육 행위를 가리키는 성균관의 상징 나무이다.

역임했는데 대제학은 자동으로 성균관을 지휘하는 지성균관사를 겸임하였다.

이정보는 1742년에 대사성이 되었다가 바로 물러나고 1746년에 다시 대사성이 되었다. 이때 시험을 공정하게 치러 인재를 공평하게 선발했다는 평가를 들었다. 반인에게도 은혜를 베풀고 위엄을 보여 그가 해직되자 반인들이 억울해하며 "이공은 나의 부모입니다"라고 할 정도였다.[4]

이정보는 문장뿐 아니라 여러 예능에도 탁월한 재능을 보여 그가 지은 시조 80여 수가 전한다. 특히 시조의 명인 이세춘과 거문고의 명인 김철석, 가기歌妓였던 추월과 계섬 그리고 매월 등이 그의 문하에 출입한 예인이었다. 그는 당대 일급의 음악가들이 모여드는 살롱을 주관한 리더였다.5 그런 그를 '황교黃橋 이판서'라고 불렀는데 종묘 동쪽의 보령제약 서남쪽에 있었던 황교 부근에 살았기 때문이다. 그런데 사실 그는 관동 이씨의 세거지였던 반촌에 살다가 집을 옮겼다.

국립중앙박물관에는 그의 호패 2종이 소장되어 있는데 각각 나무와 상아로 제작되었다. 스무 살 때 발급된 나무 호패 앞면에는 "동부東部 이정보 계유생癸酉生 동학생東學生", 뒷면에는 "임진壬辰 숭교방일계崇敎坊一契 제6통第六統 제4가第四家"라고 새겨져 있다. 곧 그가 계유년1693에 태어났고, 스무 살인 임진년1712에는 동학東學에서 공부하는 학생으로 주소는 숭교방일계 6통의 네번째 집임을 표시하였다.

상아 호패는 앞면에 "이정보 계유생 임자 문과壬子文科", 뒷면에 "무진戊辰"이라고 기재되어 있다. 그가 계유년1693에 태어났고, 임자년1732 문과에 급제했으며, 무진년1748에 2품 이상의 관직에 임명되었다는 뜻이다. 실제로 그는 스물아홉 살인 1721년 진사시에 합격했고, 마흔 살인 임자년1732 문과에 급제했으며, 무진년1748 1월에 종2품 함경감사에 임명되었다.

호패라는 부정할 수 없는 신분증을 통해 그가 젊은 시절 숭교방일계에 거주한 사실이 확인되는데 그가 살던 곳은 명륜3가와 4가의 경계선 지역으로 관동 이씨의 세거지였다.

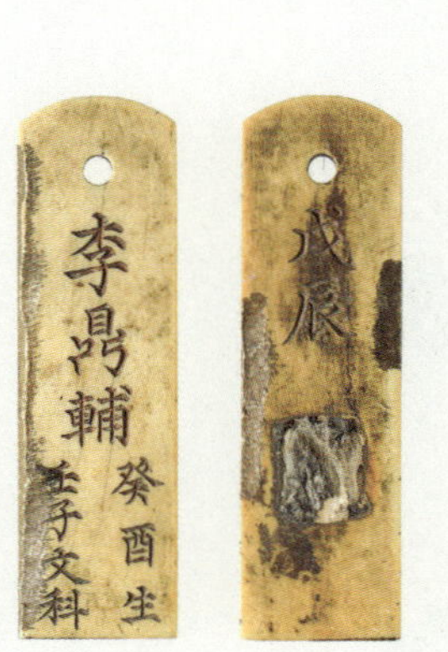

이정보의 호패 2종의 전면과 후면. 저명한 시조 시인이자 저명한 대사성의 거주지와 생년을 기재하였다. 국립중앙박물관 소장.

그는 대사성 직책에 오래 머물지는 않았으나 부임 이듬해인 1747년 『태학성전보유太學成典補遺』를 편찬하는 등 교육 행정을 열성적으로 펼쳤다. 이만부李萬敷, 1664~1732가 1689년에 『태학성전』을 편찬한 이후 60년 만에 다시 『태학속전太學續典』이란 후속 법전을 여러 유생의 도움을 받아 편찬하였다. 이 책은 『태학성전보유』로 부르기도 한다. 『태학성전』이 개인의 힘으로 저술한 책이라면, 『태학속전』은 국가에서 인정한 공식 법전이었다. 1770년에 홍봉한 등이 주도하여 『동국문헌비고』를 편찬할 때 「학교고學校考」의 저본이 되었고, 이어서 1785년에 편찬된 『태학지』의 저본이 되었다.

이정보는 『태학속전』의 편찬을 기념하여 『태학계첩太學禊帖』도 제작하였다. 서울역사박물관에서 소장하고 있는 이 계첩은 성균관의 전체 모습을 그린 가장 오래된 문헌이다. 1747년 4월 유생 신석규辛

〈이정보 초상〉, 148.5×79.9cm. 국립중앙박물관 소장.

錫奎가 쓴 지문誌文에는 계첩을 만든 동기와 함께 그의 업적에 대한 칭송이 남아 있다. 법전의 편찬은 물론 유생의 교육과 제도의 정비에 힘쓴 공적을 높이 평가하였고, 이어서 반인의 후생 복지와 성균관 주변 정비에 쏟은 정성을 다음과 같이 기록하였다.

성균관 노비에게는 은혜와 위엄을 아울러 베풀었고, 묵은 폐습을 없애버렸다. 차수곡差需穀[6]을 더 지급하였고, 효자와 의인을 표창하였으며, 드세고 교활한 무리를 엄하게 징계하였다. 분에 넘치는 상여를 부수었고, 현방을 합병하는 행위를 억제하였다. 문묘 부근에 연 상점을 헐어 길가에 나무를 심었고, 응봉 산기슭을 끊어 만든 길을 금하고 소나무를 심어 산등성이를 덮었다. 이런 행적 또한 글로 기록할 만하다.[7]

그는 제도를 정비하고 유생의 학업 장려에만 머물지 않고 반인의 생활 향상과 성균관 조경 같은 부분까지 노력하였다. 『태학계첩』은 300년 전 성균관과 반촌에 새로운 생명을 불어넣은 대사성 이정보의 위업을 증명하는 유물이다. 그중 응봉의 맥을 끊지 못하게 한 일과 벽송정 일대에 소나무를 울창하게 심어 휴식 공간으로 조성한 점이 흥미롭다. 이는 신성한 성균관의 교육 환경을 회복하려는 의지의 표현이다. 『태학계첩』에도 명륜당 뒤쪽에 울창한 소나무숲이 그려져 있는데 그의 노력을 기억하기 위한 회화적 표현이다.

그는 또 반촌을 질서 있게 정비하고 반인에게 덕을 많이 베풀었다. 신석규의 글에도 그의 업적이 잘 나타나 있지만 대사성을 지낸 서명응徐命膺, 1716~1787 또한 글을 지어서 사당을 만든 동기와 과정

『태학계첩太學稧帖』, 〈반궁도泮宮圖〉, 1747, 서울역사박물관 소장. 1747년 『태학성전보유』 곧 『태학속전』의 편찬을 기념하여 만든 계첩이다. 〈반궁도〉는 반촌과 반수에 둘러싸인 성균관의 구조와 배치, 나무 등 전체 모습을 그린 가장 오래된 문헌이다. 응봉 줄기에서 뻗어나온 벽송정의 소나무숲까지 그려넣었다. 유생의 교육과 제도의 정비, 반인의 생활 향상, 법전의 편찬은 이 계첩의 제작으로 완결되었다.

을 곡진하게 설명했다.

이정보 공이 대사성이 되었을 때 감개하여 학교 업무를 자기가 할 일로 여기고 약조를 세워 태학의 반민에게 권장하니 반민이 부끄러운 줄을 알게 되었다. 오랜 폐습을 제거하여 반민의 근심을 풀어주니 반민이 일하기를 즐거워하였다. 부역을 고루 배분하여 부유하게 만들어주니 반

2부. 반촌 사람들

민의 의식주가 넉넉해졌다. 여가가 날 때 태학의 뒤쪽에 있는 멧부리에 이르러 소나무 심기를 게을리하지 않아 선비들이 그늘 밑에서 노니는 장소로 삼았다. 그렇게 하여 무너진 태학이 다시 온전해지니 마치 그릇이 이지러졌다가 다시 온전해진 것과 같았다.[8]

이 글에 나오는 멧부리는 곧 벽송정이다. 이처럼 여러 사람이 반인을 위한 그의 노력을 높이 평가하였다. 그와 반인은 실상은 한마을 사람이므로 서로 큰 친밀감이 있었다. 그 은덕에 감격한 반인들은 그의 공덕을 기리는 생사당을 반촌에 세웠다. 24년 동안 그의 화상을 그려 모시다가 그가 죽은 뒤 3년 뒤부터는 위패를 모셨다.[9] 대사성의 업적을 기려 간혹 생사당이 만들어지기는 했으나 이정보만큼 오래도록 모셔지고 존경을 받은 대사성은 드물었다.

10장

반인, 성균관을 운영하다

반인의 의무, 입역

반인은 문묘를 수호하고 유생을 보좌하는 등 성균관의 각종 잡무를 담당하였다. 반촌을 문묘의 행랑이라고 표현했듯이 반인은 성균관의 지킴이였다. 반인이 없으면 성균관은 돌아가지 않았다. 반인이 하는 일은 크게 세 가지로 나뉜다. 하나는 수복守僕을 정점으로 성균관 잡무를 수행하는 전복典僕의 업무이다. 하나는 유생과 관료 등을 하숙생으로 받아서 그들의 학업과 뒷일을 돕는 반주인泮主人으로서의 업무다. 하나는 독점적 권리를 가지고 소를 도축하여 판매하는 현방懸房의 경영이다. 이 밖에도 여러 일을 했으나 이 세 가지 일의 비중이 가장 컸다.

반인이 영위하는 생활은 여러 사람이 기록해놓았다. 서명응은 「안광수전」에서 이렇게 묘사하였다.

안향 선생이 헌납한 노비의 자손이 벌써 수천 명에 이른다. 반수를 에워싸고 집을 지어 살아서 골목이 있고 개와 닭이 있어 버젓하게 하나의 마을을 이룬다. 사람들이 그곳을 반촌이라 부른다. 그들의 자제는 반촌에서 나고 자라며 그 밖으로 벗어나지 않는다. 성균관에 일이 있으면 북을 치고 무리 지어 큰 소리로 유생을 불러서 이끌어 읍을 하게 한다. 아침부터 저녁까지 성균관에서 일을 맡아 하다보니 글 읽는 소리를 익숙하게 들어서 곧잘 문구와 말을 외우기도 한다. 그래서 귀에는 익으나 눈으로는 모르는 자를 가리켜 재직齋直의 문구라고 하는 상말이 있거니와 실제로는 모른다는 말이다. 총각이 되어 힘이 센 자는 바둑과 장기를 두며 협객 행세를 하고, 인색한 자는 장사하여 이익을 바쁘게 추구하니 예법의 가르침을 따르는 자가 드물다.[1]

반인은 반촌을 벗어나지 못하고 성균관에 매여 사는 운명이다. 성균관에 일정 기간 동안 들어가 무상으로 업무를 보아야 할 의무가 있었다. 이를 입역立役이라 한다. 어려서부터 성균관에서 일어나는 온갖 일을 익숙하게 보고 성장하여 나중에는 온갖 실무를 도맡아 한다.

대신 반인은 전적으로 성균관을 위해 존재하기 때문에 특별한 혜택을 입었다. 한양의 주민이 져야 할 부역과 군역 등의 의무를 면제받았다. 특히 야경夜警을 도는 좌경座更과 기타 방역坊役을 모두 면제받았다. 다만 1790년에는 800호 가운데 1년에 두 번 좌경을 하고,[2] 임금의 성균관 거둥이 있을 때는 길을 닦고 청소하는 부역을 담당하는 절목節目을 정해놓는 변화가 있었다.

반인이 수행한 업무 중 첫번째 중요한 업무는 문묘의 제례를 돕고 건물을 유지하고 보수하는 일이었다. 다음으로는 유생의 학업과 생활 일체를 돕고 성균관의 재정을 마련하고 경비를 담당해야 했다. 성균관의 거의 모든 업무를 실질적으로 반인이 담당하였다. 무려 500년 동안이나 대대로 이 업무를 담당하였기에 전문성이 확고했다.

반인은 일정 기간 동안 번갈아가며 성균관에 들어가 일하는 입역의 의무를 져야 했으나 직접 하지 않고 대리인을 내보내거나 금전을 내고 그 의무에서 벗어나는 면역免役도 가능하였다. 이를 고립雇立이라 하였다. 이런 식으로 입역을 하지 않고 현방 경영이나 반주인 사업에 종사해 경제적 이득을 얻기도 했다. 성균관에서는 의무를 이행할 반인에게 면역첩免役帖을 팔아 비용을 충당하기도 했는데 반인은 그 기회를 이용하여 입역에서 벗어나기도 했다. 1791년 정신국의 사당 호성사護聖祠를 건립할 때 그 비용을 마련하기 위하여 반인 한 사람당 30냥씩 22명에게 면역첩을 발급했고, 이후에도 넉넉하게 발급하여 비용을 충당하였다.[3] 18세기 이후에는 성균관에 예속되는 경우보다 자립하여 상업 활동을 하는 경우가 늘어났다. 사업 능력을 발휘하여 큰 부자로 성공한 이들도 나타났다.

반인의 여러 직책

성균관에 근무하는 반인을 통칭하여 전복典僕이라 하는데 이들은 몇 가지 직책으로 구분되었다. 최상위 직책에는 여섯 명의 수복이 있었다. 하지만 사안별로 임시 수복을 두어 번갈아 직책을 수행하여 숫자에는 변동이 있었다. 수복 다음으로는 서리書吏와 재직齋直이 있었다.

이들의 직책과 업무는 『태학성전』과 「반중잡영」 등에 자세하게 설명되어 있다. 그 가운데 남성 반인의 주요 직역을 도표로 정리하면 아래와 같다.[4]

직역		직무	비고
재직齋直, 재지기		성균관 재사齋舍의 각 방에 소속되어 잔심부름.	성균관 소속 여종의 소생.
서리書吏		장무서리掌務書吏, 지통서리紙筒書吏, 책색서리冊色書吏.	성균관에 소속되지 않은 여종의 소생.
수복守僕		평상시: 성균관의 청소. 석전대제와 분향례 등 의식 거행시: 실질적 의식 진행.	장성한 재직 가운데 선발.
부목負木		땔감을 대는 불목지기로 난방을 담당.	동재 서재에 각각 4인씩. 겨울에는 한 달에 15꿰미, 여름에는 그 절반을 받아 난방을 운용.
	일차부목 日次負木	장의掌議의 심부름과 재사 안의 공적인 일 담당.	여러 부목이 돌아가며 담당.

「반중잡영」에서는 각 직역이 맡은 업무를 상세히 설명했는데 주요 내용을 일부 인용하면 다음과 같다.

성균관 소속 여종의 소생은 재직이 되고, 그 밖의 여종 소생은 서리가 되며, 재직이 장성하면 수복이 된다. 반인은 각기 진출하는 길이 다르다.(제62수)

수복은 6인이니, 공자의 신위, 사성四聖의 신위, 동벽 서벽의 종향從享 신위, 동무東廡와 서무西廡에 각 1인이다. 이들은 전자건典字巾, 두건에 붉은 단령을 착용한다.(제68수)

옛날에는 석채釋菜의 예식이 끝나고 나서야 날이 새고 해가 떴다고 한다. 지금은 수복이 절차를 빠르게 진행하여 파루를 치기도 전에 끝나버리니 개탄할 일이다.(제95수)

상소 행렬이 출발하면 반인이 앞장을 서고, 유생을 호위하여 양쪽으로 나뉘어 걸어간다. 그 행렬이 멀리까지 이어진다. 가운데 길로 상소 대표자疏頭가 상소함을 따라 걸어가고, 그 뒤를 장의와 상소 관련자가 따라 걷는다.(제148수)

업무에 반인을 동원하는 모습을 안건별로 간명하게 인용하였다. 지위가 높고 비중이 큰 직역이 수복이다. 재직과 부목은 동재와 서재에서 유생의 생활을 보조하였고, 서리는 존경각의 서책 관리와 재무, 물자 구매 등의 업무를 처리하였다. 수복과 서리의 권한은 작지 않았다. 유만주는 1783년 2월 30일 일기에서 "성균관 서리의 권세가 어찌 이조판서와 같으리오마는 유생을 돕는 것이 거간꾼과 흡사하다. 이제는 하나의 어지러운 세상이 되었다"라 말하여 서리가 행세하는 꼴을 비꼬았다.

이 밖에도 식당직食堂直, 요리와 음식을 제공하는 식모食母, 다모茶母가 있었고, 대청직大廳直과 가사직家事直이 명륜당과 동재 서재의

창호와 제반 기물을 설치하는 일을 맡아보았다.[5]

신선의 누각에서 일하는 수복

반인의 대표자는 수복이다. 여러 기관에 수복이 있었으나 성균관 수복이 가장 위세가 높고 명예로웠다. 공자와 그 제자를 모시는 문묘를 실질적으로 책임지고 수호할 뿐만 아니라 의식 절차와 예법의 전문가로서 그만한 대우를 받았다. 열쇠를 맡아서 대성전의 문을 여닫는 일을 매우 중요시했는데 이 임무를 수복이 맡았다. 수복은 성균관 관원 및 유생과 가까웠고, 그들 활동 전반에 간여했으며, 국왕을 가까이에서 볼 수 있는 영예로운 자리였다. 그렇다보니 수복은 반촌 전체에서 어른으로 대접받았다. 수복의 우두머리를 수수복首守僕 또는 사지수복事知守僕이라 불렀다.

수복이 근무하는 장소는 수복청守僕廳이다. 현재 대성전 서편에는 수복청 건물이 예전 모습을 간직한 채 서 있다. 수복청에서 대성전 쪽을 바라보는 자리에 대학당戴學堂이라는 현판이 걸려 있다. 국학國學 또는 태학太學을 머리에 이고 있다는 의미이니 성균관을 받들어 시중을 든다는 수복의 임무를 상징한다. 현판 왼쪽 모서리에는 고동산초古東山樵라는 낙관이 찍혀 있는데, 1825년에 대사성을 지낸 이익회李翊會, 1767~1843가 현판 글씨를 썼다.

수복청에는 기둥마다 네 글자씩 주련柱聯이 걸려 있는데 여기에서 수복이 맡은 업무를 밝히고 있다. 다음에 번역하여 싣는다.

선비 교육의 교화가 넘쳐 흐르고   羕泏化溢

수복청과 대학당 현판, 성균관 소재. 학교를 머리에 이고 있다는 뜻의 현판 이름이다. 성균관을 받들어 시중을 든다는 수복의 임무를 표현하는데 1804년에 간행된 『정의사호성록』에 벌써 대학당이란 말이 등장한다. 1825년에 대사성을 지낸 명필 이익회의 글씨이다. 근궁직청(芹宮直廳)이란 현판을 남쪽 정면에 걸어놓기도 했다.

행단杏壇의 풍모가 남아 있네.	杏壇風餘
자줏빛 옷 입고 종종걸음으로	以紫衣趨
푸른 옷깃 유생의 뒤를 따르네.	爲靑衿後
질서 있게 서둘러 제사 받들고	雁序駿奔
예를 갖춰 어기는 일 절대 없네.	式禮莫愆
문묘를 수호하고 유생을 보좌하며	守護輔導
전례를 잘 익혀서 밝혀야 하네.	講明典禮

수복이 맡은 업무의 핵심이 잘 담겨 있다. 선비 교육의 전당인 성

균관에는 공자가 제자를 가르쳤던 행단의 유풍이 살아 있어 수복은 엄격한 전례를 잘 지키는 수호자임을 강조하였다. 수복은 자줏빛 옷을 입고 푸른 옷을 입은 유생의 뒤를 늘 따라야 하는 의무도 설정하였다.

20세기 이후에도 수복은 전통을 계승하여 성균관을 지켜왔고, 최근까지도 수복의 후손이 성균관 관리를 맡아보았다. 수복은 대체로 반인 명문가가 그 임무를 맡았다. 수복을 지내고 은퇴한 홍익룡^{洪翼龍, 1763~?}이 수복 때의 생활과 정서를 시로 지었다. 『반림영화』에 실려 있는 그 시는 다음과 같다.

우리 무리 벽송정을 에워싸고 거주하니	吾儕環住碧松亭
덕화 펼친 선왕의 모습을 직접 보았네.	及見先王德化成
성인의 사당을 삼가 지켰으니 소원을 이루었고	恭守聖祠斯願足
신선의 누각에 나도 올랐으니 한몸이 깨끗하네.	忝登仙閣是身淸
빈 뜰에 맑은 달은 중추절의 빛깔이요	虛庭淡月中秋色
깊은 나무 꾀꼬리는 금원에서 들려오는 소리일세.	深樹流鸎上苑聲
서른한 해 예전 일은 어젯일인 양 느껴지니	三十一年如昨日
다시 이곳에 들렀더니 문득 꿈에서 깬 듯하네.	重來忽似夢魂醒

_「삼가 풍헌의 시에 차운하다^{敬次風軒韻}」

홍익룡이 시를 지은 시기는 1820년 이전이고, 여기서 말한 선왕은 정조이다. 홍익룡은 벽송정 주위 반촌에 살면서 31년 전 정조가 성균관에 행차한 장면을 지켜보았다. 문묘를 지키는 수복의 일을

맡아서 소원을 이루었고, 수복청에 근무하여 깨끗한 몸을 가졌다고
하며 수복으로 근무한 경력을 자랑스러워했다. '신선의 누각仙閣'이
라는 구절에는 "수복청의 호칭이다守僕廳號"라고 주석을 따로 달았
다. 수복은 반인에게는 신선이 된 듯한 영광스러운 자리였다. 수복
청을 신선의 누각으로 부를 정도니 반인에게 수복이 얼마나 선망하
는 직책였는지를 엿볼 수 있다.

11장

반주인의 상업 활동과 유생과의 관계

유생의 뒷배, 반주인

반촌 주민의 생업은 대개 반주인이었다. 반주인은 관주인館主人 또는 그냥 주인이라 불렀다. 성균관 유생, 과거시험을 보러 반촌에 머문 응시생, 한양에서 벼슬하는 관료에게 숙식과 편의를 제공하는 반인을 가리킨다. 현재 대학가에서 학생에게 숙식을 제공하는 하숙집 주인이나 원룸 주인에 견주어볼 만하다. 반주인이 훨씬 더 많은 편의를 제공했다는 점에서 똑같지는 않다.

반주인은 평상시에는 생업을 영위하다가 성균관에 번갈아 입역하는 의무를 수행하였다. 유생에게 숙식과 편의를 제공하는 것이 주된 업무였다. 성균관의 동재 서재에서 숙식을 해결하지 못하는 유생이나 열악한 성균관의 숙식보다 나은 주거 환경을 바라는 이에게 숙식을 제공하고 그 비용을 받았다. 반주인이 유생에게 제공한

유생과 수복의 옷차림새. 『정의사호성록』〈호성록십이도〉 중 '식당을 다시 열다復設食堂' 그림. 미국 버클리대학교 동아시아도서관 소장, 고려대학교 민족문화연구원 해외한국학자료센터 제공. 정(鄭)과 박(朴)이 쓴 두건은 이른바 전자건으로 수복이 쓰는 모자이고, 대청에 앉아 있는 검은 두건, 이른바 민자건(民字巾)을 쓴 이들은 유생이다. 수복은 붉은색 옷을, 유생은 푸른색 옷을 입어 모자와 의상으로 모습이 확연하게 구별되었다.

편의는, 숙박과 식사의 해결, 물품의 구매와 대여, 의복의 장만과 세탁, 금전의 보관과 대부를 포함한 갖가지 심부름이었다.[1]

반주인들은 그러한 업무를 처리해주고 그 대가로 유생에게 삯을 받았다. 반주인은 주인, 유생은 손님 즉 주객主客 관계였다. 겉으로는 주종主從 관계이나 실제로는 계약에 따른 주객 관계였다. 신분상 높고 낮은 차이가 분명하게 있어서 주종 관계로 보기 쉬우나 실상은 그렇지 않았다. 반주인은 유생의 성균관 생활과 과거 응시를 돕고 보증하는 후견인이나 집사와 같은 존재였다.

둘 사이에는 상당히 끈끈한 인간관계가 맺어졌다. 때로는 평생토록 유지되기도 했고, 자손까지 면면히 대물림되기도 했다. 유생이 반촌에 와서 반주인을 정한 뒤 마음에 들지 않으면 다른 주인을 찾기도 했으나 대개는 한번 주객 관계를 맺으면 쉽게 바꾸지 않았다.

그 관계를 선명하게 설명한 글이 검주黔州 이웅징李熊徵, 1658~1713의 「검옹지림黔翁志林」에 등장한다. 17세기 후반의 현황을 보여주는 글인데 조선 후기 전체의 현황으로 보아도 좋다.

성균관은 유생이 모여드는 곳이라 사대부는 반드시 전복을 주인으로 정한다. 석전釋奠이나 소청疏廳에서 유생을 불러 모을 때는 반드시 각각의 주인을 추궁하여 유생을 불러들인다. 과거에 급제한 이가 대궐 뜰에서 합격자를 발표할 때는 난입하는 잡인을 금하거니와 그래도 관주인만은 대궐 뜰에 들어오는 것을 허락하고 머리에 꽃을 꽂아주게 한다. 네 개 관館²에서 새로 벼슬하는 사람을 부르거나 면신례免新禮에서 명함을 돌릴 때도 주인이 유생의 앞뒤를 돌보아 유모가 어린아이를 돌보듯 한다. 새로 벼슬하는 사람이 조금이라도 공손치 못한 행동을 하면 반드시 주인에게 죄를 물어 온갖 힘들고 괴로운 일을 겪는다. 그래서 유생이 관직이 높아진 뒤에는 상당히 후하게 보답하게 되고, 주인 역시 사대부를 상전처럼 여겨서 대대로 관계를 이어가며 바꾸지 않는다. 간혹 공적인 일로 성균관에 가게 되면 반드시 식사를 장만해서 유생 시절처럼 똑같이 대접한다.³

이 글에서 말하는 주인은 곧 반주인이다. 유모가 어린아이를 돌보듯이 반주인이 유생을 돌본다고 한 말이 인상적이다. 후견인이나 집사, 또는 일종의 대리인과 같은 역할을 했음을 알 수 있다. 성균관 수학 시절의 유생을 뒷바라지하며 때로는 온갖 고된 일도 마다하지 않았다. 유생이 받아야 할 벌이나 징계를 대신 받기도 하였다. 평상 시에는 식대를 받으나 그것으로는 턱없는 보상이다. 그러면 반주인 이 유생에게 일방적으로 희생당했느냐 하면 실상은 그렇지 않았다. 고통과 희생에는 큰 대가가 뒤따랐다.

반주인과 유생의 금전 관계

벼슬하는 사람은 대부분 유생과 과거시험 응시자 가운데 나왔고, 그중 더러는 고관에 이르렀다. 일단 지방관이 되면 반촌 시절의 수 고에 대한 대가로 반주인에게 후한 보상을 하였다. 이때의 보상은 이전의 고통을 상쇄하고도 남을 만큼 큰돈이었다. 공공연한 관례로 만들어진 희생과 보상이라는 흐름에는 당연히 폐해가 따랐다. 일단 그 보상이 대개 유생 자신의 재물에 더해 공적 재물에서 나오는 경 우가 많았다.

금전을 둘러싸고 만들어진 관계는 결코 일방적이지 않았다. 유생 역시 반주인과 맺은 인연을 이용하여 성균관이나 반주인에게 많은 돈을 빌렸다. 성균관에서 금전을 빌리고 갚지 않는 유생도 적지 않 았다. 그 재물의 관리자는 곧 전복이고, 그 역시 대개 반주인이었다. 유생이 빚을 갚지 않아도 반주인이 인정상 억지로 받아내지도 못했 다.[4] 이에 그들은 복잡한 채무 관계로 얽히기 쉬웠다. 그 사이에서 금전적 이익은 반주인의 차지였다.

그런 정황을 비교적 이른 시기인 17세기 초반의 사례에서 확인할 수 있다. 영의정을 지낸 정태화鄭太和, 1602~1673는 스물세 살에 진사가 되어 4년 뒤인 스물일곱 살에 문과에 급제하였다. 그는 회현동에 거주했지만 반촌에 머물며 공부하였다. 이른바 소년등과한 경우이다. 이어 스물아홉 살에는 경기도 통진의 현감이 되었다. 젊은 나이에 지방관까지 된 것이다. 그러자 그가 4년 동안 묵었던 반촌의 반주인 아내가 이제 때가 됐다고 여겼는지 통진 관아로 찾아와 정태화에게 보상을 요구했다. 끝없는 요구에 시달리던 그는 다음과 같은 시를 지었다.

반촌에서 몇 년 동안 식사 댔으니	芹泮多年饋
깊은 정성 어찌 차마 잊을 수 있나.	深情不可忘
임명받아 오늘에야 수령 됐으니	竹符今日宦
예전 빚을 집요하게 보상하라네.	前債苦爲償
초췌해진 백성들의 고혈을 빨고	困悴民膏盡
요구 탓에 내 머리는 온통 쇠겠네.	徵求我髮蒼
만났으니 어찌 감히 박대하랴만	相逢豈敢薄
뇌물이란 말 들을까 오직 두렵네.	唯怕與人贓[5]

수령이 된 유생에게 반주인이 강압적으로 보상 요구를 한다. 은혜를 베풀어달라고 간청하는 게 아니라 채무를 갚으라고 당당히 요구하는 투에 가깝다. 곤욕스러워하는 수령의 심경은 자발적 보상이라기보다는 채무의 이행으로 볼 수밖에 없다. 5구와 6구에서는 채무를

이행하자면 백성들의 고혈을 빨아야 할 수 있다고 고민한다. 17세기 초의 상황이 이럴진대 그 이후에는 훨씬 더 심해졌을 것이다.

관료가 된 유생이 반주인에게 후하게 되갚는 사례는 이 밖에도 다수 확인된다. 황윤석의 『이재난고』에는 반주인과의 채무 관계와 그로 인한 갈등이 생생하게 담겨 있다.[6] 황윤석은 보통의 경우와 달리 반주인을 여러 번 교체했는데 그중 이수득李壽得이 있었다. 이수득은 서반촌 반수 가에 거주하면서 아들 다섯 명을 두고 여러 유생의 반주인 노릇을 하였다. 꽤 많은 노비와 말, 자산을 소유하고서 유생과 관료에게 편의를 제공하였고, 또 서중문西中門 밖에서 현방까지 운영하고 있었다. 상당한 자산가였던 만큼 당장의 식비인 반찬값과 자잘한 금전 보상보다는 훗날 있을 큰 보상에 기대를 걸었다.[7]

그의 집에 묵었던 유생 이일증李一曾이 드디어 무안현감이 되었다. 1781년 정월 9일 일기에는 이수득이 전라도 무안에 가서 한동안 머문 것으로 나온다. 그로부터 5년 뒤인 1786년 4월 25일에는 서반촌 집을 팔고 하마비 아래 경모궁 북쪽과 개천 남쪽의 집으로 이사하였다. 현 명륜4가 지역이다. 그때 마침 이일증이 양주목사로 부임했고, 그는 또 따라가서 소고기를 판매하였다. 무안과 양주에서 큰 보상을 얻어냈다. 후한 보상은 한 번에 그치지 않고 거듭되어 이수득은 규모가 큰 지방인 양주에서 현방을 운영하는 이권까지 챙겼다. 현임 목사 이일증이 그에게 독점적 특혜를 베푼 것이었다.

황윤석도 예외가 아니어서 이수득에게 갖가지 이권을 청탁받았다. 그는 1778년 3월 15일 비부婢夫 함작득咸鵲得에게 받을 빚이 있다며 그 해결과 도망한 계집종의 수색 문제를 사복시 주부로 재직중이던 황윤석에게 끈질기게 청탁하였다. 이 요청을 거절하지 못한 황윤석은 몹시 괴로워했다. 1787년 3월 24일에 이수득이 전의현감 황윤석을 또 찾아왔다. 목적은 묻지 않아도 알 수 있었다. 황윤석은 그를 피하려 했으나 소실이 권유해 다음날 하는 수 없이 그를 대접하였다. 나중에 아들이나 조카가 과거 보러 서울에 갈 때 반주인에게 도움을 받을 수밖에 없다고 염려했기 때문이었다.

언젠가 이수득은 목천현감으로 재직중인 황윤석에 대한 안 좋은 소문을 한양에 퍼트렸다. 그에게 보상을 듬뿍 해주지 않은 데 대한 보복이었다.[8] 이수득은 유생에게 각종 노동과 봉사를 제공하고 큰 이윤을 얻어서 상당한 부를 축적하였다. 그런 유생과 반주인의 관계는 주인과 종의 관계처럼 일방적이고 종속적이지 않았다. 둘의 관계는 이웅징이 설명한 것보다 더 경제적으로 얽혀 있었다. 반주인은 자산을 많이 소유한 직업적 상인으로 보는 편이 더 합당하다.

과거시험의 브로커

본연의 업무 외에도 반주인은 다양한 생업에 뛰어들었다. 유생의 대리인으로 활동하거나 유생을 기반으로 경제 활동을 하면서 과거시험 브로커 노릇도 하였다. 성균관은 과거시험의 주관 기관 중 하나였고, 비천당은 늘 시소試所 즉 시험장으로 활용되었다. 게다가 반촌은 과거시험 응시자가 머무는 숙소였으므로 과거시험과 관련한 인력과 정보가 모두 모여들었고, 반주인은 여기서 정보를 중개했다. 즉 정보의 집합지인 반촌에서 반주인은 정보의 중개인으로서 자연스럽게 시험 부정행위에 간여하여 목돈을 챙겼다.

이운영李運永, 1722~1794의 야담집 『영미편』에는 과거시험을 다룬 흥미로운 기사가 여럿이다. 그중에 남의 글을 훔쳐서 답안지 한켠에 적힌 봉내封內의 성명을 도려내고 다른 이의 성명을 써넣는 환비봉換秘封 수법으로 응시자를 합격시키는 반주인 사연이 나온다. 누가 그런 짓을 하느냐고 시골 선비가 묻자 반주인은 다음과 같이 대답하였다.

관주인이 괴수이고요 시소의 서리가 그다음이랍니다. 관주인이 멀리서 온 손님의 방값만 받아서 무슨 수로 손님 접대를 제대로 하겠으며, 자기의 의식주를 넉넉하게 해결하겠습니까? 때때로 이런 횡재를 얻어야만 지탱해갈 수 있지요.[9]

여기서 관주인과 서리 모두 반인이다. 반주인이 과거시험장에서 부정행위와 농간을 부리는 괴수임을 자처하였다. 숙박업에 대한 대가만으로는 살기가 힘들어 부정행위로 횡재를 얻으려 한다는 말로 합리화하고 있다. 숙박업을 기반으로 하되 그중 영악한 자는 브로커 역할까지 겸하여 목돈을 챙긴다는 말이다. 일종의 사업인 셈이다.

뭐든 대신해드립니다

반주인은 유생을 상대로 고리대금업도 운영하였다.[10] 유생과 반주인 사이에 돈을 빌리고 갚는 문제를 실감나게 드러내는 장면이 황윤석의 일기에 나온다.

반주인 방학의를 불러 빚을 얻는 방법을 물었더니 방법이 없다고 하였다. 그래서 반주인 김진태를 독촉하여 벼슬살이에 필요한 도구를 급히 마련하라고 하니 이런 대답이 돌아왔다. "나으리께서 기묘년1759 소과 때 정묵금에게 50냥을 빚내셨지만, 급제하고서 돌아오셨을 때는 노잣돈을 주시지 않고 겨우 곱절로 100냥만 주셨습니다. 그 때문에 반인들이 일절 빚을 주려 하지 않습니다." 나는 "반채泮債는 신은新恩을 입었을 때 돈을 더 얹어서 주니 이것이 선례이기는 하다"라고 말했다.[11]

반채는 반인에게 빌린 부채를 말한다. 유생은 으레 반주인에게 돈을 빌렸는데 그 이자는 고리대금업 수준이다. 유생은 반주인에게 벼슬살이에 필요한 의복 등 각종 물품의 구매를 맡길 뿐 아니라 그에게 금전까지 빌렸다. 황윤석은 실제로는 곱절이 아니라 40여 냥을 빌려서 120냥을 갚았으니 얼추 세 배를 주었다고 해명하고, 신용을 잃은 것은 자신이 아니라 반인이라고 강변하였다. 반인의 이권 카르텔에서 한갓 지방 유생의 변명은 통하지 않았다. 결국 돈을 빌리지 못했다. 반주인은 경제적 논리에 충실하게 행동하는 상인에 가깝지 유생에게 고분고분한 집사가 아니었다.

반주인은 물건을 대신 구매해주거나 월봉月俸을 대리 수납하는 등 유생과 관료의 업무를 대신 수행하며 이익을 챙겼다.[12] 일종의 구매와 심부름 대행업자다. 또 과거시험에 쓰이는 시지試紙의 유통에도 간여하여 지방의 과거시험장에서 시지를 판매하기도 했다. 반주인은 유생에게 숙식과 편의를 제공하는 것 외에도 다양한 상업 활동을 통해 이익을 창출하였다.

음식 얘기도 빼놓을 수 없다. 여관업의 특성상 장기 단기 투숙객에게 음식을 제공하는 과정에서 빼어난 음식 솜씨를 자랑하는 유명한 맛집이 생겼다. 이전까지만 해도 가정 안에서 조리되고 향유되던 음식이 18세기 서울에서는 고객을 불러모으는 상품으로 발전하는 중이었다.[13] 서울 각지에는 지역의 특성을 살린 요리와 요리사의 솜씨가 담긴 특별한 음식이 생겨나 명성을 얻었는데 반촌에도 유명해진 요리가 있었다. 앞에서 인용한 이규상의 「풍속지」에도 당시 서울의 유명한 요리를 나열하는 가운데 반촌의 꼬리곰탕을 꼽는다. 꼬리곰탕은 소의 부산물로 만든 음식으로 현방 운영자 마을인 반촌의 특성에 어울린다.

꼬리곰탕 외에도 반촌의 명물로 꼽힌 요리가 추두부탕鰍豆腐湯이다. 이 요리는 미꾸라지가 들어 있는 두부 요리이다. 살아 있는 미꾸라지와 두부를 함께 끓여 뜨거운 물을 피해 미꾸라지가 차가운 두부 속으로 파고들어가게 만든다. 이 두부를 잘라 참기름에 지져 국을 끓이면 맛이 지극히 기름지고 부드럽다고 한다. 이규경李圭景, 1788~1856은 『오주연문장전산고』에 그 요리법을 자세히 소개하고 반인들 사이에 성행하는 요리임을 증언하였다.[14]

반주인은 이처럼 다양한 상업 활동을 전개한 상인으로 강인한 생활력을 지녔다. 양반 신분의 유생이라고 해서 반주인을 상하 관계로 억누를 수 없었다. 형식적으로는 유생이 갑이나 실질적으로는 반주인이 갑인 경우가 적지 않았다. 이에 따라 반촌을 이익만 추구하여 풍속이 매우 좋지 않은 곳이라고 여기는 유생들도 많았다. 반촌에서 생활한 유생이 반주인과 접촉하면서 갈등이 잦은 탓이었다.

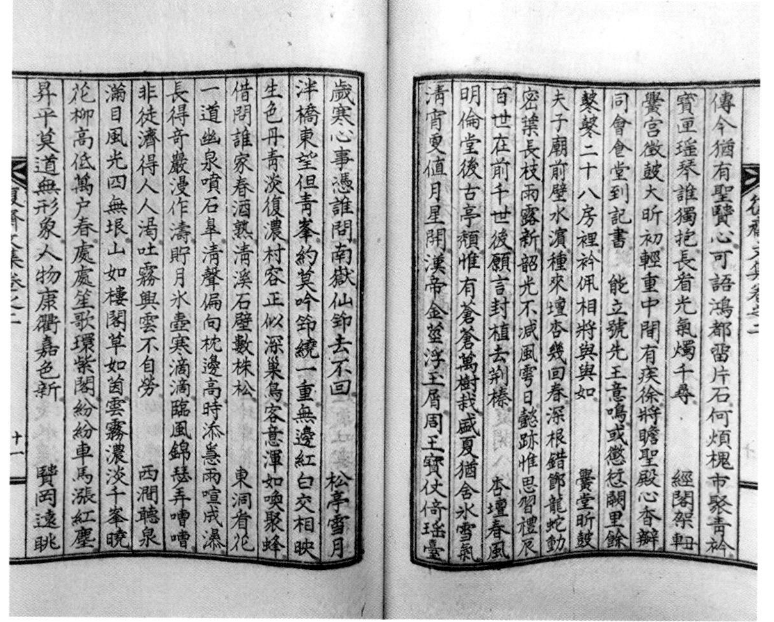

이휘준(李彙濬, 1806~1867)의 '반촌잡영泮村雜詠', 『복재문집復齋文集』 권2, 석인본, 저자 소장. 성균관 대사성을 역임하고 반촌에 장기간 거주한 이휘준은 반촌의 14경을 7언 율시로 묘사하였다. 존경각의 서가(經閣架軸), 명륜당의 북소리 듣기(黌堂昕皷), 행단의 봄바람(杏壇春風), 벽송정의 눈에 비친 달빛(松亭雪月), 동반촌의 꽃구경(東洞看花), 포동의 그윽한 정취(浦洞幽趣), 탕평비 골목의 등불빛(碑巷燈光) 등 유생의 시각에서 본 반촌의 독특한 풍경을 포착하였다.

반촌에서 수백 년 토박이로 살아온 반인의 경제력과 이권 네트워크를 뜨내기인 점잖은 양반 사대부가 좌지우지할 수 없었다.

유생과 반주인 여성의 관계

반주인과 유생 간의 관계를 흥미로운 이야기로 꾸민 야담은 둘 사이의 관계를 인상적으로 보여준다. 19세기의 저명한 야담집 『청구야담』에는 「서도 재물을 많이 실어보내 대장부임을 과시하다」라는 제목의 야담 한 편이 실려 있다. 평양감사가 된 옛날의 유생에게 거금을 받은 반주인 아내의 이야기이다. 그 줄거리는 다음과 같다.

반촌에 하숙한 선비가 반주인의 아내와 통정하였다. 그뒤 선비는 과거에 급제하고, 또 몇 년 뒤 평안감사가 되었다. 반주인이 크게 기뻐하며 관례대로 찾아가서 큰 재물을 얻으려 하였다. 그 아내가 비웃으며 재물을 얻어오지 못할 거라고 말했다. 반주인이 평양을 찾아갔는데 아니나다를까 감사가 냉담히 굴고 노잣돈을 조금만 주어 돌려보냈다. 허탈해하는 남편에게 아내는 자기가 가면 큰 재물을 얻어올 수 있다며 큰소리를 치고 평양에 갔다. 그 말대로 감사가 크게 반기며 잘 대접하였다. 둘은 다시 한번 정을 통한 뒤, 아내는 수천 냥의 거금과 관서 지방에서 나는 명산품을 여러 마리 말에 바리바리 실어 한양 반촌으로 가져왔다. 풀어놓은 짐이 마당을 가득 채워 집이 터질 지경이었다. 반주인 앞에 평생 보지 못한 광경이 펼쳐졌다. 물건을 정리한 다음 반주인은 왜 감사가 아내를 환대하고 엄청난 재물을 준 건지 물었다. 이어지는 대목은 다음과 같다.

"나는 아무런 물건도 얻어오지 못했는데, 당신은 이렇게나 많은 물건을 얻어왔으니 그 까닭이 뭐요?"

아내가 웃으며 말했다.

"당신은 아무 해 사또께서 과거를 보러 이곳에 와 안방에서 운우지락(雲雨之樂)을 나누던 일을 기억하세요?"

남편이 한참 생각하다가 갑자기 깨닫고는 외쳤다.

"맞다, 맞아! 다만 그때 누워서 위를 쳐다보고 있던 사람이 누군지는 몰

랐단 말이야!"

그녀가 웃으며 말했다.

"그때 그 사람이 바로 나였지요!"

남편은 더욱 놀라며 혀를 차고 한탄했다.

"그때 누워 있던 사람이 당신이었다는 걸 알았다면 내가 어찌 눈감아주기를 백 번만 했겠소? 또 오늘 얻은 것이 이 정도에 그쳤겠소?"

그들은 서로 바라보며 크게 웃었다.[15]

과거를 보러 온 유생이 반주인 아내와 맺은 불륜 이야기이다. 하지만 눈여겨볼 점은 유생과 반주인의 보상 관계이다. 반주인이 유생에게 자신을 희생하며 봉사하면 유생은 나중에 관료가 되었을 때 후하게 보답하는 구도가 밑바탕에 깔려 있다. 주객 관계가 한번 맺어지면 둘 사이의 관계는 매우 끈끈하여 상식적인 거래를 넘어서는 인정이 개입하였다.

그 관계에서 대부분은 유생과 반주인이 주역이지만 이 야담에서는 반주인의 아내인 것이 특징이다. 앞서 정태화의 시에서도 반주인 아내가 주체로 등장하는데 대개는 그 역할이 은폐되어 드러나지 않는다. 그 점에서도 이 야담은 흥미롭다.

비슷한 시기에 지어진 『고금인총언古今人叢言』에도 같은 이야기가 나오는데 내용은 조금 다르다. 거기에는 유생이 영조 때 저명한 정치가인 원인손元仁孫이라 밝히고, 원인손이 전라감사가 되어 반주인의 아내에게 300냥을 주었다고 하였다. 부부가 함께 전주에 가서 300냥이란 거금을 받고 돌아올 때 기대보다 많은 돈을 받은 반주인은 양반이 역시 솜씨가 좋다고 칭송하였다. 반면에 아내는 원서방元書房이 감사로서 배포가 작다고 투덜거렸다. 자기가 세 번이나 뜻을 들어줬는데 한 번에 100냥밖에 쳐주지 않았다는 푸념이었다. 그 말을 들은 반주인은 어이없게도 두 번을 더 들어주었으면 500냥을 받았을 텐데 그러지 못했다며 아쉬워하였다.[16]

반주인 부부의 욕심을 넌지시 풍자하고 있으나 핵심은 반촌에서 맺은 인연을 300냥이란 거금으로 보상한 데 있다. 이처럼 주객 사이의 거래는 일반인에게까지 많이 알려졌다.

이 사연에 나오듯이 성균관과 반촌에서는 유생과 여성 사이에 추문이 종종 발생하였다. 반촌 여성이 유생에게 추파를 던지는 일도 있으나[17] 대개는 홀로 지내는 유생이 여성에게 추근거렸다. 가정을 떠나 오랫동안 객지 생활을 하는 장년 남성에게 열악한 음식과 성적 결핍의 지속은 견디기 힘든 일이었다. 그래서 배가 부르면 여색을 논하고, 배가 고프면 음식을 논하는 것이 성균관 유생의 꼴불견이라는 말이 전한다.[18]

3부

반촌은 어떻게 움직이는가

12장.

성균관 운영은
어떻게 이루어졌는가

성균관 운영비의 실태

성균관 유생과 반촌 사람을 이해하려면 성균관의 재정과 운영 실태를 알아야 한다. 유생의 교육에 드는 비용 일체를 국가에서 지급했기에 상당한 국가 재정이 성균관에 투입되었다. 조선 초부터 태종과 성종을 비롯한 여러 국왕은 토지와 노비, 어장漁場 등을 하사하여 성균관에서 경비를 자체 조달하게 하였다. 성종 때에는 양현고養賢庫란 성균관 재정 전담 기구를 설치하여 자금 확보와 운영을 도맡게 하였다.

성균관의 재정은 크게 세 부분으로 구성되었다. 첫째는 관료와 서리 등의 인건비와 운영비, 둘째는 유생의 식비와 부식비, 문방구 비용, 셋째는 문묘의 제사 경비이다. 첫째 인건비는 국가의 관료에 대한 녹봉으로 충당하였고, 둘째와 셋째는 성균관이 소유하거나 조

세를 받을 권리를 가진 전국의 토지와 어장, 사찰 등에서 현물 또는
금전으로 받아서 사용하였다. 인원의 대부분을 차지하는 반인에게
는 따로 인건비를 지급하지 않고 무상 노역을 시켰다.

성균관의 재정 상황은 조선 전기에는 그런대로 양호했으나 임진
왜란을 겪고 난 이후에는 전반적으로 열악해졌다. 성균관 소유 토
지가 조선 전기에는 2400결結인 데 반해 후기에는 347결 정도로 대
폭 축소되었다. 전기에는 필요한 물품을 생산하여 공급하는 절수처
折受處가 전국에 분포하여 여기서 현물을 공급받아 사용하였다. 후
기에는 균역법이 시행되면서 현물 대신 금전으로 받아 시장에서 구
매하여 사용하는 형태로 바뀌었다. 1808년에 완성된 『만기요람萬機
要覽』 재용편財用編에 따르면, 성균관은 어염세로 2000냥을, 유생에
게 공급할 조기 값으로 971냥을 받았다.

현물을 공급하던 주요 절수처는 『태학성전』에 상세하게 기록되
어 있다. 물고기와 소금을 공급하던 인천의 영종도永宗島와 범도凡島,
땔나무를 공급하는 경기도 양근군의 시장柴場, 각종 어염을 공급하
는 전라도의 위도, 도초도, 임자도, 추자도 등이 목록에 올라 있다.
또 한강의 양화나루와 마포 등에는 어살을 설치하여 생선을 공급한
사수처斜水處 및 어선을 기재해놓았다. 전답으로는 충청도, 전라도,
경상도, 경기도에 논 216결, 밭 122결 남짓이 기재되어 있는데 전기
에 비하면 이 또한 큰 폭으로 축소되었다.

그 밖에 한양 안팎에도 소소한 규모로 토지를 소유하였다. 한때
대통령실이 자리잡았던 용산의 둔지산屯地山에는 양현고 소유의 무
밭이 있었다. 동대문 이간수문 밖, 마장동, 각심사, 안암동 등에도

대학로 연건동 큰 도로 가에 있는 남이 장군 집터 표지석. 맞은편 옛 건물은 대한제국기에 건설된 목조건물인 중앙시험소로 그 옆에는 장경교 표지석이 설치되어 있다. 이 주변 밭은 성균관 양현고 소유였는데 여기서 생산된 채소를 성균관 식당에 공급하였다. 유본예의 『한경지략』에는 "남이 장군 집터가 어의동에 있으니 바로 지금의 박제가 집이다. 뜰에 대단히 큰 반송이 있어 32개의 기둥으로 떠받치는데 어애송(御愛松)이라 한다. (중략) 정조대왕이 경모궁에 참배한 뒤 문희묘 터를 보려다가 우연히 이 소나무 아래에 오셔서 칭찬하시고 어애송이란 이름을 하사하셨다. 모두들 영광스럽게 여겼다"라고 나온다. 1830년에 제작된 〈조선성시도〉에는 장경교 앞에 '남이동(南怡洞)'으로 기재되었다.

밭이 있었다. 특히, 대학로의 연건동 78-4번지 남이 장군 옛 집터에는 채소밭이 있어서 반인 12호가 여기 거주하면서 성균관 식당에 채소를 공급하였다.

또 영남과 호남의 사찰에서 다량의 종이를 공급받았다. 성균관은 매우 많은 양의 종이와 붓, 먹을 유생에게 지급했는데 1740년을 기준으로 1년에 종이 4750여 권, 붓은 3170여 자루, 먹은 130여 동同이 소요되어 금전으로 환산하면 모두 1690냥 정도였다.[1] 종이를 현물로 공급받아서 전라도 태인의 영천사에서 50권, 경상도 청도의 적천사, 곤양의 다솔사, 창녕의 용흥사에서 각 50권, 진주의 백천사에서 100권을 해마다 공급받았다. 이 사찰들은 품질 좋은 종이를 생

전라도 부안의 섬 위도에 표기된 성균관 어장. 『해동지도』, 부안현 지도, 서울대학교 규장각한국학연구원 소장. 성균관 소속의 어장임을 밝혀놓았다. 성균관 소속의 여러 섬 가운데 마지막까지 보유하였던 섬이다. 『태학성전』의 '절수처' 항목에 "이전부터 어전사령(魚箭使令)이 값을 먼저 납부한 뒤에 내려가서 세를 거두었다. 격포진(格浦鎭)을 설치한 뒤로는 본도에서 매년 은 300냥을 상납하여 어전사령이 내려가서 세를 거두는 일은 폐지되었다"라고 세를 거두는 방법의 변화를 기록해두었다.

산하기로 명성이 높았는데 그중 100권을 납품한 백천사는 고성에 위치한 옥천사玉泉寺와 함께 영남의 종이 생산 거점 사찰이었다.

고종 때의 법전『육전조례六典條例』에 의거하여 1년 동안 전국 학교의 소요 재정을 금전으로 환산하면, 성균관은 18,479냥, 사학四學은 4,012냥, 기술학은 9,414냥이었다. 전체 중앙교육재정 31,905냥 가운데 성균관이 57.9퍼센트를 차지하였다. 조선 후기 중앙재정이 489만 냥이었으니 이와 비교하면 0.65퍼센트의 비중에 불과하다. 성균관의 재정은 매우 열악한 수준이었다.[2]

성균관은 또 노비를 소유하여 그들로부터 신공身貢을 받아 비용을 충당했다. 신공은 각각 면포 3필을 받았는데 상평통보로는 대략 7냥 5전에 해당했다. 면포의 양은 시기에 따라 늘거나 줄거나 하였으나 무거운 세금이기는 마찬가지였다. 성균관이 소유한 외거노비의 수는 1689년에 작성된『태학성전』에는 9420구로 나오나 그 수는 갈수록 줄어들었다. 과중한 신공을 피해 노비가 도망한 결과였다. 성균관에서는 추쇄관推刷官을 파견하여 도망 노비를 추쇄하였으나 효과는 기대할 수 없었다. 그 때문에 1767년에 대사성 홍낙인洪樂仁이 상소를 올려 더는 추쇄관을 파견하지 못할 형편이므로 성균관 소속 노비를 호조로 이관하고 그에 해당하는 신공을 지급해달라고 요청하였다. 1808년『만기요람』에서는 성균관 소속 남자 종 878구, 여자 종 516구 모두 1394구의 신공으로 1872냥을 매년 10월에 호조에서 보낸다고 기재하였다. 뒤에는 호조에서 균역청으로 이관하였고, 1801년 공노비 문서를 불태우면서 장용영 재산으로 대신 지급하였다. 열악한 성균관의 재정은 갈수록 어려워졌다.

현방, 반인의 경제 활동

갈수록 열악해지는 재정 상황 속에서 성균관에서는 반인의 경제 활동에 기댈 수밖에 없었다. 다음은 영조 때의 실학자 유수원柳壽垣이 『우서迂書』에서 학교제도를 비판하면서 한 말이다.

성균관을 보더라도 선비를 양성하려고 한다면 당연히 그 비용을 지급하여야 한다. 그런데 오로지 전복에게 선비를 양성하는 경비를 담당하게 하였기 때문에 전복이 감당할 수 없었다. 도성 안에서는 매매의 이익으로 소를 잡는 일보다 나은 것이 없어서 전복에게 소를 잡는 일을 맡겨 그 비용을 마련하게 하였다. 아! 문묘가 어떤 곳인데 흉하고 더러운 도축장에 늘 머무는 자들에게 그 뜰을 청소하게 한단 말인가?[3]

유생을 양성하는 비용을 국가의 재정에서 마련하지 못하고 대신 성균관에 예속된 전복, 곧 반인에게 책임을 맡기는 형편임을 개탄하였다. 더욱이 반인은 다른 일도 아닌 소를 도축하여 그 책임을 수행하고 있다.

유수원 이전에 이미 유형원이 반인의 수에 정원을 둬야 하고 반인에게 일정한 녹봉을 주어서 자기 직분을 충실히 수행하도록 해야 한다고 주장하였다. 그래야만 억세고 못되게 구는 반인의 경악할 만한 풍습을 시원하게 바꿀 수 있다고 진단하였다.[4] 그러나 유형원의 제안은 정책으로 구현되지 않았고, 반인의 풍습도 바뀌지 않았다.

유수원의 말은 부정하기 힘든 사실이다. 반인의 노동력을 착취하여 성균관을 운영하기 위하여 국가 차원에서 현방의 독점 운영권을 반인에게 넘겼다. 현방懸房은 한글로는 '다림방'이라 쓰는데 소고기를 걸어놓고 판다고 하여 붙여진 이름이다. 현방에서 거두는 이익은 곧 성균관 재정의 확충으로 이어졌다. 그 때문에 성균관은 현방과 그 운영자인 반인을 적극적으로 대변하였고, 현방 경영자도 성균관으로부터 비호를 받았다.[5] 성균관 대사성과 직원 및 반인과 유생은 이익 공동체로서 서로 연대하지 않을 수 없었다. 그만큼 반인의 경제력과 노동력은 열악한 성균관 재정의 버팀목이었다.

소고기의 도축과 판매는 도성 안에서 막대한 이윤을 만들어내는 산업이었다. 조선은 술의 제조와 판매, 소나무의 벌채와 함께 소의 도축을 엄격하게 금지하는 이른바 주금酒禁, 송금松禁, 우금牛禁의 삼금三禁 정책을 초지일관 시행하였다. 이 세 가지가 농업 진흥과 밀접하게 관련되었기에 금지했으나 이 삼금 정책은 역효과를 낳기 쉬웠다. 금지할 수 없는 상품을 금지하고서 특정 집단에 독점권을 주면 이는 막대한 이익을 창출하는 기화奇貨가 되었다.

조선 정부는 소의 도축과 판매의 독점이라는 큰 이권을 반인에게 선물하였고, 거기서 거두는 막대한 잉여 이익으로 반인의 생계 유지뿐 아니라 성균관의 재정을 확보하고, 삼법사의 경비까지 충당하였다. 현방에서 거두는 이익은 성균관의 재정을 지탱하고, 형조와 한성부, 사헌부 삼법사를 유지하는 가장 크고 확실한 수입원이었다. 여기에 더해 궁방宮房을 비롯한 여러 권력기관에서 현방에 준소세를 뜯었다. 그렇게 여기저기와 이익을 나누었으나 따로 급여를 받지 않는 반인 입장에서는 생계를 유지하는 큰 이익을 현방에서 얻었다. 반인은 그 덕분에 일반 백성보다는 나은 생활을 유지할 수 있었다.

반인은 조선 전기부터 소의 도축과 판매를 독점했는데 임진왜란 이후의 문헌에는 전문화된 생업의 양상이 자주 등장한다. 앞서 살펴본 1606년 6월에 발생한 성균관 벽서 사건에서 우의정 심희수沈喜壽는 "대성전 동무東廡의 건너편은 모두 성균관 노비들이 거처하는 곳이고, 그들이 도축을 생업으로 삼기 때문에 밤에도 자지 않는 것은 항상 있는 일입니다"라고 그 실정을 증언하였다. 반인이 도축을 생업으로 삼으며 문묘에서 멀지 않은 곳에서 도축을 진행했음을 우의정이 확인해주고 있다. 소의 도축은 원칙적으로는 불법이지만 반인에게는 허가되었음을 의미한다.

17세기에는 반인이 도축을 생업으로 삼는다는 인식이 누구에게나 확고하게 자리잡았다. 다만 반인이 현방을 설치하여 소의 도축을 독점하는 일이 합법화된 시기는 1648년 이후 1653년 이전 17세기 중반으로 추정된다.6 부제학 조복양趙復陽이 흉년에 반인의 생계 확보를 위해 국왕에게 허락을 받아 현방을 정식으로 설치했다는 기록을 그 근거로 삼을 수 있다.7 그후 조선 말기까지 그 권리는 지속되었다.

서울과 전국에서 벌어지는 소의 도축 현황에 대해서는 박제가가 『북학의』에서 인상 깊게 묘사하였다.

통계를 내보면, 우리나라에서는 날마다 소 500마리를 도축하고 있다. 나라 제사나 호궤犒饋에 쓰려고 도축하고, 반촌과 한양 오부五部 안에 24개

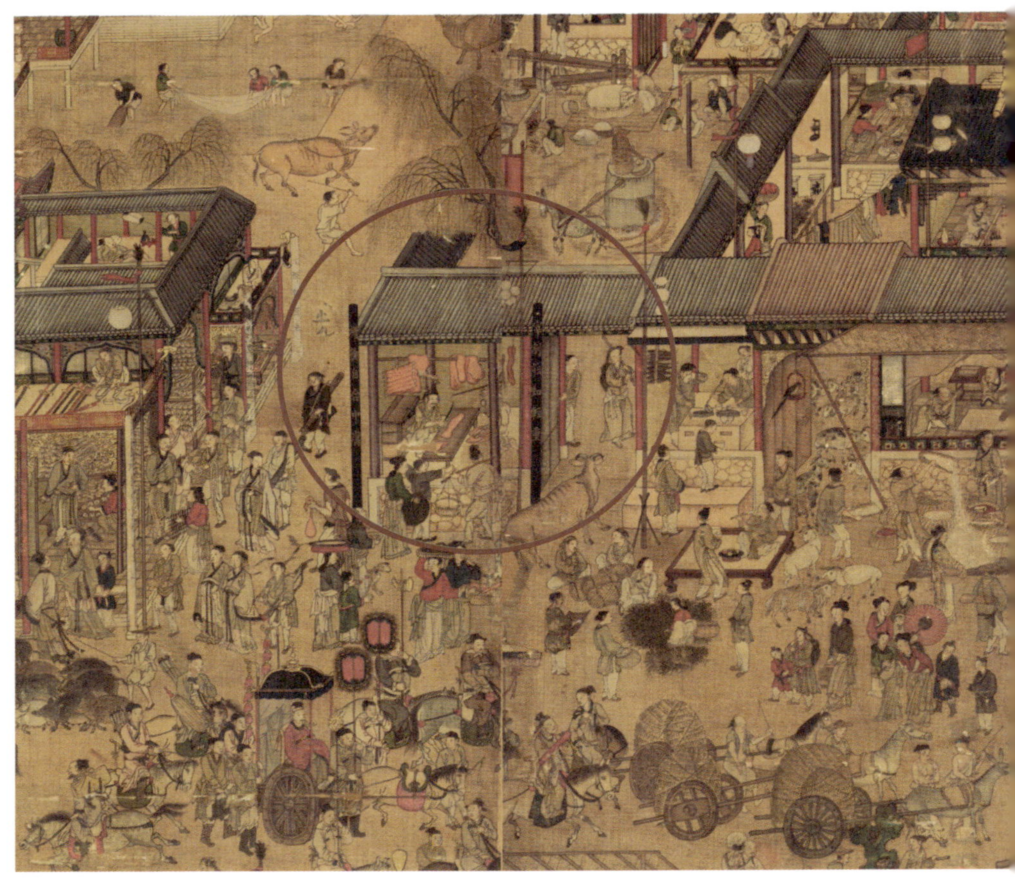

〈태평성시도太平城市圖〉, 작자 미상, 19세기, 각폭 113.6cm×49.1cm, 국립중앙박물관 소장. 번화한 도회지 풍경을 중국풍으로 그린 8폭의 기록화로 18세기 한양 시장의 현실을 반영하고 있다. 위 그림은 3폭과 4폭에 걸쳐 있는 장면 일부로 식료품과 식당이 있는 거리를 묘사한다. 왼쪽의 현방에서는 붉은색의 소고기를 걸어놓고 고기를 썰어 판매중이다. 현방의 양쪽 기둥에는 각각 '저울질은 절로 중용에 들어맞고(權衡自合中庸)'와 '칼질하며 고기의 경중을 잘도 아네(宰割能知輕重)'라는 주련이 걸려 있어 현방임을 광고하고 있다.

의 현방이 있고, 360개 고을의 관아에서는 빠짐없이 소를 파는 고깃간을 열고 있다. 작은 고을에서는 날마다 도축하지 않아도 큰 고을에서는 두어 마리씩 도축하므로 크게 보아 날마다 잡는 셈이다. 또 서울과 지방에서 벌어지는 혼사, 연회, 장례, 활쏘기 때 잡는 것과 법을 어기고 사사로이 잡는 것까지 포함하여 그 수를 대충 헤아려 보면 위의 500마리라는 통계가 나온다.[8]

한양의 현방과 전국 관아 소재지의 푸줏간에서 하루에 500마리의 소를 도축한다는 통계를 제시하였다. 1775년 3월 24일의 『승정원일기』 기사에도 비슷한 통계가 있는데 『북학의』보다 비공식적 도축량인 500마리를 추가하여 하루에 모두 1000마리를 도축한다고 추정하였다. 그리하여 전국에서 1년에 도축하는 소의 숫자가 38만에서 39만 마리라고 하였다.

현방 한 점포마다 60호 500명 정도의 식구가 소속되어 돌아가면서 현방을 운영하였다. 정조가 경모궁을 세우고 주변을 번화한 상업지구로 조성했을 때 궁지 북쪽의 반계비泮界碑 부근에 현방을 새로 개설하도록 허가하였다. 그 주위에 반인 63호를 거주하게 했는데 그들은 그 현방을 함께 운영하는 공동 사업자일 것이다. 현방에는 두목頭目 또는 행수行首라고 하는 대표가 있었다. 이들은 자금력과 세력을 등에 업고 다른 현방을 합병하기도 했다. 세금을 많이 뜯기기는 했으나 그래도 현방은 대단히 큰 이익을 창출하는 사업이었다.

현방의 사업 규모가 커지면서 반인들은 소를 도축하는 힘들고 모양 안 나는 일은 직접 하지 않고 전문 도축업자인 거모장去毛匠을 고용하여 대신 시키기도 했다. 현방마다 네 명의 거모장을 고용하여 일을 시킨다는 기록이 1767년에 작성된 『사축서사목司畜署事目』에 등장한다. 또 1725년 봉상시가 "이른바 거모장은 다른 각종 공장工匠에 비할 게 못 됩니다. 모두 반인의 노예로서 밤에는 각처 현방에서 사도私屠하여 남기는 이익으로 밥을 얻어먹고 낮에는 일없이 손을 놓고 있습니다"[9]라고 보고한 기록이 보인다.[10] 반인이 거모장을 노비처럼 부려서 소를 도축하고 자신들은 고기를 파는 상인의 역할에 충실한 모습을 보인 것이다. 이 보고가 실정의 전모는 아니라 해도 현방은 규모가 큰 사업이고, 반인은 무시하지 못할 전문적 상인의 수준임을 짐작할 수 있다.

현방의 수탈 양상

현방은 성균관 재정과 반인의 생계에 큰 버팀목이 되었다. 그러나 삼법사와 궁방은 현방의 수익을 노리고 수탈을 지속하였다. 반인은 대사성을 통해 수탈을 금지해달라고 집요하게 요구하였다. 대사성의 중요한 업무 중 하나가 반인의 이익, 특히 현방의 이익을 지켜주는 것이었다. 반인에게 이익이 돌아가야 성균관 재정에도 여유가 생기기 때문이었다.

1740년 대사성 심성희沈聖希는 장문의 상소문을 올려 성균관의 현안을 열한 가지로 아뢰었다. 대사성의 수많은 상소 가운데 성균관의 실태를 잘 드러낸 보고서이다. 그중 마지막 내용은 반인의 막막한 생계와 현방의 수탈에 대해 논의한다.

본관 전복의 생계가 지금보다 몹시 어려운 적이 없습니다. 전답이 없는 데다가 행상이나 점포의 생업이 없기에 생계를 기댈 밑천은 관공서에서 일하거나 소를 잡아 파는 일에 전적으로 기댑니다. 근래에는 사람 수가 점차로 늘어나 현방 한 곳에 소속된 인원이 90여 명이나 될 만큼 많아져서 한 해 동안 도축하는 차례가 서너 번 돌아올 뿐입니다. 서너 번 나오는 이익으로는 열흘이나 보름의 생계도 이어가기에 부족합니다. 게다가 21곳의 현방에서 한 달에 본관에 바치는 돈과 삼법사에 내는 속전贖錢이 모두 합해 1,050냥이니 한 해로 합하여 계산하면 12,600여 냥입니다. 이 밖에 갖가지 잡역이 또 수천 냥에 이르니 이를 해결하자면 돈을 빌리는 방법밖에 없습니다. 빚이 산더미처럼 쌓이고 공사公私 간에 모두 독촉하니 하루도 편히 사는 즐거움은 없고 온갖 견디기 힘든 상황만 있을 뿐입니다.[11]

반인의 생계는 현방의 운영에 달려 있는데 현방 한 곳에만 90호의 생계가 매여 있으므로 근근이 살아갈 수밖에 없다. 그런 형편인데 한 달에 1,050냥과 1년에 12,600냥을 성균관과 삼법사에 세금으로 납부하고, 거기에 다른 준조세까지 합하면 수천 냥이 추가되어 견디기 힘드니 이를 해결해달라는 요구이다. 현방 운영의 어려움과 그에 따른 반인의 하소연을 대사성은 이런 식으로 자주 상소로 올렸다. 이보다 앞서 1727년에 대사성 송인명宋寅明은 반인의 어려운 생활상을 두루 논하면서 현방 운영을 언급했다.

현재 공적 사적으로 신역身役이 괴롭고 무거운 자로는 성균관 전복보다

심한 경우가 없습니다. 남녀노소가 장시간 신역에 응해야 하므로 잠시도 편안히 지내지 못합니다. 앞뒤로 그 괴로움을 견디지 못하여 자살하는 사람이 거의 예닐곱 명이 넘으니 그 처지를 생각하면 참으로 측은합니다. 더구나 반촌에 꼭 붙어살면서 한 발짝도 밖으로 떠나지 못하므로 사실상 생업을 꾸려 생계를 이어나갈 길이 없습니다. 저들이 입을 벌려 먹어서 목숨을 이어갈 길은 현방의 푸줏간이 있을 뿐입니다만 삼법사에 납부해야 할 금액이 거의 수천 냥에 이릅니다.[12]

고된 생활에 지쳐 자살자가 많은 처지를 호소하였다. 주요한 이익원이었기에 현방에는 매년 삼법사에 1만 3800여 냥이란 무거운 납부 의무가 부여되었다.[13] 게다가 현방 외에 소를 도축하는 관서와 업자가 늘어나면서 자연스럽게 현방의 이익이 줄어들었다. 반인의 어려운 생업을 구원하기 위해 성균관은 조선 말기까지 노력을 지속하였다. 성균관과 반인은 거의 운명 공동체였다.

현방의 범법을 둘러싼 갈등

대사성의 상소가 당시 현방의 실태를 보여주기는 하지만 과장된 측면이 있음을 고려해야 한다. 대사성은 반인의 편에 서서 이권을 가져와야 하는 자리이므로 반인의 처지를 과장되게 부풀린 면이 있다. 도축권을 이용해 활발히 영리 행위가 이뤄졌음을 보면 반인의 빈곤한 처지에 대한 묘사에 어느 정도 과장이 섞여 있음을 짐작할 수 있다. 그 사례 한 가지를 든다. 1720년 9월 10일에 집의執義 홍우전洪禹傳은 국상 기간에도 소를 잡고 술을 팔아 흥청망청 즐기는 반촌을 고발하였다.

> 나라에 국상이 난 이후로는 은밀한 도축을 금지하여 곱절이나 엄하게
> 시행합니다. 그런데도 형리가 금지하러 들어가지 못한다는 점을 이용
> 하여 반촌 사람들은 푸줏간을 곳곳에 개설하고 도축을 마음대로 합니
> 다. 사람을 불러모아 고기를 보내주어 후한 이익을 얻습니다. 그래서 도
> 성의 남녀노소가 날마다 반촌에 개미떼처럼 몰려서 술을 사고 고기를
> 구워 실컷 먹고 돌아갑니다. 술에 취해 인사불성인 무리가 날이면 날마
> 다 반촌으로 오가는 거리를 채우고 즐거운 반궁의 땅이 도리어 술에 취
> 하고 고기를 잡는 땅으로 변했으니 한심스럽기가 이보다 더한 일이 없
> 습니다.[14]

반인이 소의 도축과 판매를 독점하는 상황인데다가 반촌은 형리
의 출입이 금지되어 있으니 국상 기간에도 여기서 소를 잡고 술을
빚어 한양 사람을 불러들여 이익을 극대화한다며 부조리를 고발한
다. 이권과 기회를 최대한 이용하여 이윤을 추구하는 상인다운 행
태가 아닐 수 없다. 이 밖에도 반인이 이윤을 추구하기 위해 범법을
저지르는 걸 고발하는 상소가 자주 올라간다. 현방의 영리 활동을
최대한 보호하려는 대사성과 그들을 처벌하려는 한성판윤과 형조
판서의 갈등과 힘겨루기는 19세기까지 끊이지 않았다.

주요한 사례로 1793년 10월 9일을 전후하여 소의 도축을 둘러싼
현방의 범법과 처벌에 관한 충돌을 꼽을 수 있다. 서유방徐有防과 이
문원李文源 등 성균관을 후원하는 관료와 그에 반대하는 한성판윤

구상具庠이 크게 충돌하였다. 반인의 범죄 혐의가 분명해도 형리가 현방 근처에 그림자도 비치지 못한다며 한성판윤은 분노하였다. 도회민 사이에 "차라리 억울함을 풀지 못할지언정 반인에게 척을 지지 말라"는 속담이 나돈다면서 성균관을 뒤에 업고 행패를 부리는 반인에게 항의하지 못하는 실태를 고발하였다.[15] 대사성은 외부 세력의 위협을 막아서 반인을 힘껏 도와야 했다. 성균관 재정을 보전하려면 중요한 이권인 현방이 잘 운영되어야 했기 때문이다.

반인은 한양의 현방을 독점적으로 운영하는 주체였다. 그러나 여기에 그치지 않았다. 점차 감영 소재지나 큰 도회지에도 진출하여 소고기를 독점적으로 공급하는 이권을 챙기기도 했다. 앞에서 소개한 반주인 이수득의 사례에서 보듯이 유생이 지방관으로 진출하면 반주인이 그 지역에 가서 소고기를 파는 권리를 얻어 큰 이익을 남겼다. 반인과 지방관이 결탁해 현방 독점권을 획득한 반인이 큰 이윤을 추구하는 사업가로 성장하기도 했다.

반촌과 현방은 전국에서 소를 가장 많이 소비하는 곳이었다. 당시에 번창한 송파장과 사평장沙平場, 다락원 등의 장시場市에서 여러 지방으로부터 한양으로 유입되는 소를 독점하여 구매하였다. 지방의 품질 좋은 소를 독점하여 공급받으면 많은 이윤을 남길 수 있었다. 19세기 문헌 중에는 "함열의 황등장黃쯩場은 큰 소를 많이 팔아서 한양 반촌의 현방 도축업자가 모두 이 소를 사 간다"[16]는 기록이 보인다. 황등장은 전라도 함열현 남일면에 있었던 장시로 큰 소가 거래되던 우시장이었다. 그 말을 입증하기라도 하듯이 이재운의 『해동화식전』에서는 "수십 마리의 소떼를 몰고 가는 상인들이 길 위에 꼬리를 물고 이어져 있는데 모두 함열의 황등 장터에서 오는 이들이다"[17]라고 하였다. 그 최종 목적지는 물론 한양의 반촌이었다.

13장

지방 유생들의 베이스캠프

반촌의 동향민 네트워크

반촌은 과거시험이 치러질 때는 응시생들로, 평상시에는 유생과 지방 출신 관료로 붐볐다. 지방 출신 선비가 급제하면 축하연이 크게 벌어져 반주인은 술과 고기를 푸짐하게 차려내고, 친지들은 축하하러 모이고, 광대들은 공연을 벌여 반촌이 온통 떠들썩했다. 또 반촌에는 짧은 기간 묵을 수 있는 빈집이 많아 숙식을 해결하기도 좋았다. 한양에서 지방 사람을 위한 숙박 시설이 가장 풍부한 여관 마을이 바로 반촌이었다.

지방에서 온 유생과 관료는 한양에 오면 반촌에 머물렀는데, 대개 특정 지역민이 선호하는 반주인이 따로 있었다. 자연스럽게 반촌에 동향인 네트워크가 만들어졌고, 반주인과 지역 네트워크는 대를 이어 유지되었다. 같은 당파 사람들끼리 이용하는 반주인도 따로 있었다. 그 관계망을 유본예는 『한경지략』에서 다음과 같이 증언하였다.

지금 영남의 유생과 벼슬아치는 서울에 오면 모두 반민의 집에 거처를 정해 머문다. 설령 서울에 사는 유생이라도 과거에 응시할 때는 반촌에 머물러 제각기 반주인을 정해둔다. 유생이 과거에 오르게 되면 모두 반주인의 수고에 보답하는 상을 주었다.[1]

유생과 관료가 반주인과 맺는 밀접한 관계가 분명하게 보인다. 유생만이 아니라 관료도 반인 집에 머물고, 심지어는 한양에 사는 유생조차도 과거에 응시하기 위해서 반촌을 찾는다고 밝혔다. 성균관에서는 정기적 비정기적 시험이 자주 치러지고, 과거시험과 관련한 온갖 정보가 모이며, 다양한 응시생과 브로커까지 암약하기 때문에 반촌은 전국에서 몰려든 수험생으로 항상 북적일 수밖에 없었다. 반주인은 그들에게 숙식뿐만 아니라 다양한 편의와 필요한 정보를 제공해주었다.

영남 사대부들은 반촌을 적극적으로 활용하고 많은 기록을 남겼다. 그들은 한양에 머물 때 대개는 반촌을 거점으로 삼았다. 한양에서의 행적을 기록한 여러 문헌을 검토하면 반촌이 그들에게 얼마나 중요한 거점이었는지 잘 드러난다. 정조와 순조 시기의 무관인 노상추盧尙樞, 1746~1829의 일기를 보면, 한양에 머무는 동안 하루를 멀다 않고 반촌에 들러 동향 사람을 만났다. 그들이 대개는 반촌에 모여 있었다.

이이순李頤淳, 1754~1832의 사례도 흥미롭다. 그는 1800년 효릉참봉으로 재직할 때 반촌에 하숙하면서 동향 출신 유생들과 문회文會를 열고 『한상야회첩漢上夜會帖』을 제작하였다. 또 반주인집에 영사嶺舍란 이름의 편액까지 걸었으니 이는 영남인의 집이란 뜻이다.[2] 마치 고대 중국에서 성도成都 사람이 수도에 가서 촉사蜀舍란 이름을 붙여 동향인과 어울린 일을 떠올리게 한다. 대놓고 표방하지는 않았으나 '영사'처럼 크고 작은 동향인의 거점이 반촌에는 적지 않았다. 그래서 함께 묵는 사람을 가려서 받아들인다는 불문율이 있었다. 안동 선비 권상일權相一은 반촌에 오래 머물렀는데 반주인이 호남의 문관과 함께 지내라고 하자 화를 내고 다른 반주인을 정해 집을 옮겼다.[3]

반촌의 이 같은 풍속은 유성룡의 후손인 유규柳淕, 1730~1808의 사례를 통해 분명히 알 수 있다. 다음은 그가 1791년 사재감司宰監 봉사 직책으로 희정당에서 정조를 알현했을 때의 장면이다.

주상께서 물으셨다.

"몸을 의탁해 머무는 데는 어디인가?"

신이 대답하였다.

"반주인집입니다."

"반주인집은 불편하고 힘들지 않은가?"

"예전부터 한양에서 벼슬하는 영남 사람은 성안에 알고 지내는 사람이 없으면 옛날의 관례에 따라 반촌에 의탁해 주인을 정해 지내고 있습니다."

"늘 관동館洞, 성균관동에 머물러 있는가?"

"관직에 복무할 때를 제외하고는 늘 관동에 머물러 있습니다."[4]

정조가 유성룡의 후손이라 하여 유규를 특별히 인견했을 때 유규는 반촌에서 지내고, 영남 사람이 한양에서 벼슬할 때는 반촌에 머무는 관례가 있다고 밝혔다. 그 말은 한 치도 틀리지 않는다. 유성룡의 8세손으로 고종 때 좌의정을 지낸 유후조柳厚祚, 1798~1876도 1866년 무렵 우의정 신분으로 반촌에 거주하였다. 정승 신분조차도 반촌에 하숙을 했다. 유성룡 후손가에는 반촌에 머무는 유생과 주고받은 편지가 적지 않게 전한다. 다른 집안의 간찰에서도 사정은 마찬가지이다.

장기 단기 거주지로서의 반촌

호남 사대부라고 해서 상황이 다르지는 않다. 황윤석은 유난히 반주인을 여러 차례 교체한 특별한 경우인데 그도 결국 동향인 네트워크를 벗어나기 어려웠다. 1766년에는 서반촌에 사는 김성빈金聖賓을 새 반주인으로 삼았다. 김성빈은 호남 유생 위주로 받는 반주인이었다. 본디 호남도회湖南都會의 반주인으로 호남 유생이 많이 몰려서 황윤석은 오히려 싫었다. 그래도 훗날 자식도 이 집에 왕래하리라 예상하여 그를 영구히 주인으로 삼기로 했다. 김성빈의 부친도 당연히 반주인이었는데 1762년 호남도회에 갔을 때 황윤석의 동생이 벌써 주인이 되어달라고 부탁해놓았다.[5] 이처럼 지방 사대부에게 반주인의 선택은 중요한 문제였다.

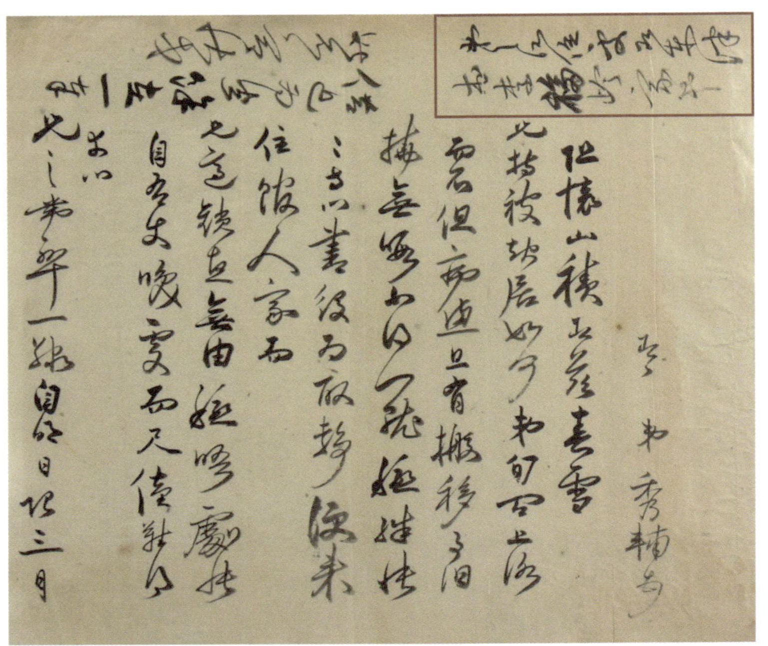

홍수보 간찰, 동반촌 이복령 집에 머물면서 친구에게 보낸 편지이다. 붉은 줄을 친 부분이 추신 대목으로, 동반촌의 이복령 집에 머물고 있음을 알리고 있다. 한국국학진흥원 소장.

반촌은 이렇게 지방 유생과 관료의 한양 거점이었다. 유생이 반촌에서 지방에 보내는 편지나 지방에서 반촌에 보내는 편지를 보면 이들이 반촌을 거점으로 삼고 있음이 잘 드러난다. 홍수보洪秀輔, 1723~1800의 간찰이 좋은 사례이다. 그는 영조와 정조 시대의 남인 영수였다. 다음은 충청도 충주 사람인 그가 반촌에 머물던 젊은 시절에 친구에게 보낸 편지이다.

격조한 회포가 산처럼 쌓였습니다. 이 봄눈이 내리는 추위에 노형은 안부가 어떠한지요? 아우는 열흘 사이에 한양에 올라왔으나 병으로 피로

할 뿐만 아니라 이사할 일이 있고 바빠 겨를이 없어서 한번 찾아가보지 못해 정말 서운합니다.

지금 막 글을 쓸 일로 조용하고 편한 곳을 골라 관인館人, 반인의 집에 와서 머물고 있습니다. 그런데 노형이 마침 당직을 서느라 조용히 대화할 길이 없으니 몹시 서운합니다. 심부름을 보낼 곳이 있으나 아이종조차 얻기 어려우니 바라건대 노형이 거느린 종 한 명을 내일부터 사흘 동안만 빌려주기 바랍니다. 나머지는 한번 뵙고 말씀드리고 형식을 갖추지 못합니다.

즉일. 아우 수보는 절합니다.

〔추신〕아우가 머문 곳은 바로 동반촌 이복령의 집입니다.⁶

이 간찰은 여러 가지 흥미로운 사실을 말해준다. 고향에서 한양으로 올라온 홍수보가 친구에게 심부름시킬 종 한 명을 사흘 동안 빌려달라고 부탁하였다. 친구가 당직을 선다고 한 것으로 보아 친구는 한양에 거주하는 관료이다. 그는 글을 쓸 일이 있어서 반촌의 한적한 집을 빌렸다. 편지 끝에는 동반촌 이복령이란 반주인 집에 머물고 있으니 그리로 종을 보내라고 하였다.

이 경우에는 반촌을 숙소로 활용하되 장기간 숙박하는 게 아니라 단기간 일에 집중할 장소로 사용하고 있다. 물론 이복령은 전부터 반주인으로 삼아 알고 지내던 사이였을 것이다. 현대에 조용한 작업 장소로 호텔이나 콘도를 빌려 집필하는 것과 비슷하다. 당시 일반 민가 외에 익명성을 보장받으면서 숙식의 제공이 가능한 도심 속 주거 공간은 반촌 외에는 찾기 힘들었다. 전염병이 돌거나 집안에 큰일이 일어났을 때 피접避接할 수 있는 곳도 반촌이었다. 반촌은 이렇듯 숙소 외에도 다양한 용도로 활용되었다.

14장

반촌곡회,
성균관 학우와 동창생의 모임

반촌의 지식인 커뮤니티

성균관에서 공부하거나 반촌에서 과거시험을 준비한 유생들은 다양한 동호인 모임을 만들어 우의를 다지고, 학문과 문예의 실력을 쌓아갔다. 20세기 이후 대학생들이 동아리 모임에 참여하거나 선후배들 혹은 같은 지역 출신 동문들과 모임을 열고 교유하는 것과 다름이 없다. 비슷한 시기에 성균관에서 함께 공부한다는 것은 매우 특별한 인연이다. 성균관과 반촌은 당대 지성인이 만나 교류하여 지식인 커뮤니티가 폭넓게 형성되는 공간이었다.

반촌에서 만나 사귀게 된 다른 지역 지성인과 주고받은 시와 편지, 사망을 애도한 만시挽詩가 담긴 문집을 자주 보게 된다. 그들에게 반촌 시절은 넓은 세계를 경험하고, 인간관계의 폭을 확장할 수 있는 더없이 좋은 기회였다. 많은 이에게 반촌은 합격보다는 불합격을, 성공보다는 실패를 안기는 장소였지만 그래도 미워할 수 없는 곳이었다. 낯선 한양에서 과거 급제의 꿈을 함께 꾸던 이들의 꿈과 좌절의 사연이 저들이 남긴 시문에 가슴 뭉클하게 표현되었다.

같은 시기에 성균관에서 공부한 동창생들은 그 인연을 기념하여 흔히 동반록同泮錄을 제작하였다. 반궁泮宮에서 함께 공부한 명부라는 뜻이다. 호남의 선비 소두산蘇斗山, 1627~1693은 성균관 동창 152명의 명단을 적은 동반록을 작성했는데 이는 상당히 많은 수이고 대개는 소규모 모임을 기록하였다.

성균관에서 함께 과거를 준비하거나 같은 때 급제한 이른바 동방同榜 인연이라면 더욱 특별한 친분이 맺어졌다. 정조 때의 문인 이옥李鈺과 강이천姜彝天, 심노숭沈魯崇 등이 그런 관계였다. 이옥과 강이천은 각각 소북과 남인 당파로 노론인 김려金鑢와는 당파가 달랐으나 반촌에서 함께 공부하면서 소품문 취향을 공유하였다. 1790년 사마시司馬試에 이옥, 심노숭, 김우순金愚淳이 함께 급제하였다. 성균관에서 함께 공부하고 같은 때 치러진 과거시험에 급제했다는 중첩된 인연은 창작을 하면서 취향을 공유하는 계기가 되었다.[1] 다음은 이옥의 작품집에 붙인 김려의 글이다.

임자년1792 봄 나는 진사시에 급제하였다. 이해 가을에 매사梅史 이옥과 더불어 서반촌의 김응일金應一 사랑채에 머물면서 과거시험용 병려문을 지었다. 매일 짬이 나는 새벽과 저녁에는 가볍게 짧은 부賦 작품을 지었다.[2]

김려는 이옥보다 2년 뒤 진사시에 급제하였고 뜻이 맞은 이옥과 함께 문과 시험에 대비하여 각자 수십 수의 연습 작품을 지었다. 둘은 김응일의 사랑채에 머물렀는데 그는 서반촌의 반주인이 틀림없다. 이옥과 김려 등은 모두 한양 사람임에도 시험에 대비하여 반촌에서 합숙하면서 깊은 유대관계를 맺었다. 한양 출신이든 지방 출신이든 관계없이 성균관과 반촌은 지성인 교유의 중심이었다.

정미년 반회 사건

이처럼 한양 선비들이 반촌을 공부와 모임의 장소로 활용한 사례는 드물지 않다. 역사적으로 중요한 사례로 꼽히는 것이 바로 1787년 정미년 반회泮會 사건이다. 이해 10월, 남인 유생인 이승훈李承薰, 강이원姜履元, 정약용 등이 반촌의 김석태金石太 집에서 천주교 서적을 읽고 학습하다가 같은 남인 유생인 이기경李基慶에게 발각되었다.[3]

1784년 생원시에 합격한 이후 정약용은 문과 시험에 대비하기 위해 반촌에서 공부하였다. 그들은 반주인 김석태의 집에 합숙하며 이옥과 김려의 경우처럼 과거시험용 문장을 공부하였다. 하지만 겉으로는 문과 시험에 대비해 병려문을 학습한다고 내세웠으나 속으로는 천주교 서적의 학습과 젊은 남인 유생에게 포교하려는 의도가 있었다는 게 문제였다. 이 사실은 남인 공서파攻西派 홍낙안洪樂安이 지은 『송담유록』이란 책에 자세히 쓰여 있다.

정미년 겨울 이승훈과 정약용이 성균관에 기숙하며 문과 시험을 준비한다면서 동반촌 김석태의 집에 모여 사학邪學 서적을 밤낮없이 강설하여 얼추 한 달 가까이 되었다. 진사 강이원이 사학을 배운다고 둘러대고서 마침내 그 집에 들어가, 서양 책 이름과 설법 등의 일을 죄다 탐지해냈다. 갑자기 친구 이기경에게 들통이 나니 그이는 크게 놀라 바로 그만두고 나왔다. 강이원이 그 이야기를 친구들 사이에 누설하여 모르는 이가 없었다.[4]

남인들 사이에 은밀하게 떠돈 이 공부 모임은 신해년1791 11월 진산 사건으로 천주교 문제가 조정의 중대한 현안으로 불거졌을 때 다시 소환되었다. 평택현감 이승훈과 권일신 등을 체포하여 천주교 신자인지 아닌지를 조사할 때 이기경과 홍낙안이 구체적인 내용을 밝혔다. 11월 13일 이기경은 상소문을 올려서 자신이 포섭 대상이었고 김석태의 집에서 천주교 서적을 학습하는 현장을 확인했다고 증언하였다. 반촌이 천주교 학습과 포교를 할 때 중요한 장소로 이용되었고, 그들을 돕는 반주인이 있었음이 확인되었다. 반촌은 다양한 지역, 당파 사람이 과거시험을 위해 북적거리는 곳이기에 익명성이 있어서 남의 눈을 속이고 은밀한 모임을 하기가 수월했다. 당연히 지역과 당파의 네트워크에 따라 믿을 만한 김석태를 반주인으로 선택하였다.

김석태는 동반촌에 거주하는 반주인이었다. 홍낙안의 상소문에 "저들이 모임을 가진 집은 반촌 가운데 가장 조용하고 외진 곳에 있었습니다. 대문을 닫고 한데 모여 있으면 남들이 엿볼 수 없어 종적을 감출 수 있습니다"[5]라는 대목이 나와 그의 집 위치를 추정할 수 있다. 서반촌은 비교적 큰 도로에 가까워 남의 눈에 노출된 지역이었다. 여기서 말한 곳은 동반촌 북쪽의 인적이 드문 포동과 송동 가운데 하나였다. 앞서 8장에서 자세히 살펴본 것처럼 이 무렵에는 송동보다는 포동이 더 인적이 드물고 낙후된 외진 곳이었다. 게다가 포동은 남인의 영수였던 윤휴가 살았던 동네라 남인에게 더 친근하였다. 그러니 김석태의 집은 포동에 있었을 것이다.

이런 사실을 입증하듯이 정약용의 『다산시문집』 권17에는 김석태의 제문이 실려 있다. 1796년과 1801년에 쓴 제문 사이에 실려 있으므로 정조 말엽에 지은 글로 보인다. 다음은 그 전문이다.

지극한 정성은 하늘을 뚫고	至誠徹天
지극한 인정은 대지를 뚫었네.	至情徹地
잠에서는 나를 위해 깨어났고	寤爲余寤
잠자리는 나를 위해 들어갔네.	寐爲余寐
제 집안일은 엉성하게 해도	闊于家室
나를 위한 일은 치밀하였고	而爲余密
이익을 좇는 데는 느려도	慢于趨逐
나를 위한 일에는 재빨랐네.	而爲余疾
내 허물을 들춰낸 이에게는	余咎人摘
칼을 뽑아 크게 꾸짖었고	拔劍大嗔
내게 호의를 보인 이에게는	人與余好
그를 위해 몸을 바쳤네.	爲之糜身
혼령이여 배회하면서	魂兮遲徊

아직도 내 곁에 머무니 尙在我側

저승이 아무리 깊다고 해도 九原雖邃

아아! 이 몸을 그리워하리.[6] 逝將相憶

　　김석태는 정약용을 위해 모든 걸 바쳤던 인물로 그려지고 있다. 실제로 그는 진산 사건 이후 정약용 등을 위해 자결하여 증거를 없앤 듯하다. 그는 초기 천주교도의 한 사람으로 추정된다. 의리를 목숨처럼 지키는 의협심에서 우러나온 그의 처신은 반인의 행동 방식에 걸맞는다.

　　한양 지식인의 천주교 신앙 문제가 정미년 반회 사건으로 불쑥 세상에 알려졌으나 이 문제는 1784년 이래로 반촌에서는 큰 문제로 여겨졌다. 영남의 남인 학자들은 반촌에 와서 한양의 남인 지식인이 천주교에 물들고 있음을 알아차리고 매우 우려하였다. 영남의 학자 조술도趙述道, 1729~1803는 조덕린趙德鄰의 손자로서 자주 반촌에 묵었는데 1784년 천주교에 우호적인 학자를 만나 그와 대화하면서 천주교를 배척하고 그에 기우는 경향을 우려하였다. 김석태 집에서 있었던 모임을 인지했던 듯하다. 동반촌 숙소에서 그와의 대화를 「운교문답雲橋問答」이란 글로 지었다. 반촌 유생들 사이에 그 글이 전파되었다. 1785년에 천주교 문제로 반촌 유생들이 찬성파와 반대파로 갈려 통문을 돌리고 천주교도를 일망타진하려는 상황을 우려하였다.

　　반촌은 다양한 지식인이 모여드는 곳이자 국정과 사회, 학술의 주요한 안건이 논의되고 확산되는 곳이었다. 정치와 학문, 문학의 민감하고 전위적인 경향이 소통되고 충돌하는 최전선이었다. 천주교의 전파 양상 역시 반촌이 다른 지역에 뒤지지 않았고, 그에 대한 찬반의 논란은 어느 곳보다 더 거셀 수밖에 없었다. 조술도와 같은 견해를 지닌 영남 사대부가 한둘이 아니었다.

동호인 모임의 기록, 동화록

김려와 정약용의 사례에서 보듯이 유생의 동호인 모임이나 상소를 위한 모임, 공부와 독서 모임 같은 다양한 모임이 반촌에서 만들어졌다. 그런 모임을 흔히 반촌곡회泮村曲會라 하였다. 여기서 곡회는 친한 벗들이 사사로이 모여서 연회를 베푸는 것, 또는 그 연회를 가리킨다.

반촌곡회는 다양한 유생 그룹이 벌였고, 함께 모이면 대개는 기록을 남겼다. 그 모임의 기록을 보통 동화록同話錄이라고 하였다. 동인이 함께 대화를 나눈 기록이란 뜻이다. 동인이 모여서 대화를 나눈 기록이란 뜻의 회화록會話錄, 함께 술을 마신 기록이라는 뜻의 동취록同醉錄도 같은 성격의 기록이다. 많은 소규모 모임에서 모임 기록물인 동화록을 만들었고, 곡회가 끝나면 동재 서재에 동화록을 붙여놓고 세를 과시하기도 했다. 유생의 생활을 규정한 「재중완의齋中完議」에서 '재방齋房 벽의 도배한 곳에 동화록을 써서는 안 된다'라고 한 걸 보면 그런 일이 종종 있어서 유생 사이에 반목을 조장하기도 했던 듯하다. 동화록은 영남 사대부가 남긴 자료가 풍부하다. 흥미로운 사례로 다음 몇 가지를 들 수 있다.

서울역사박물관에는 '반중회화록泮中會話錄'이 소장되어 있다. 무

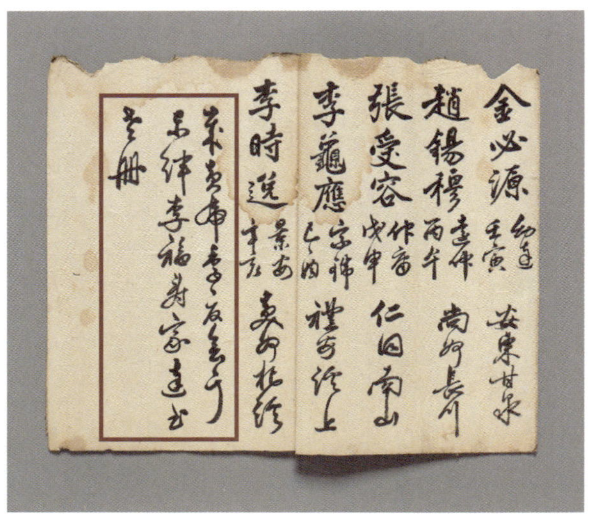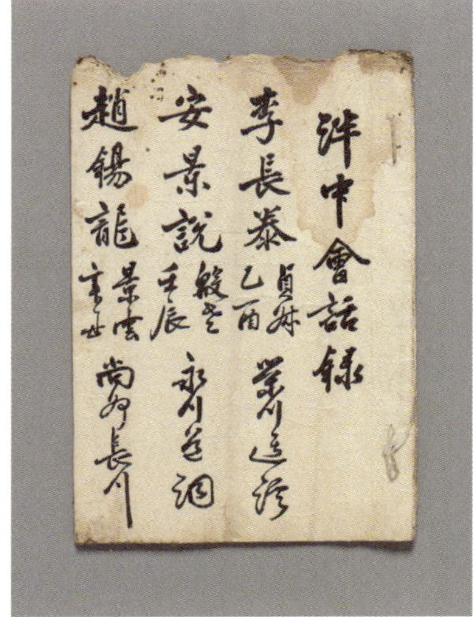

〈반중회화록〉, 서울역사박물관 소장. 여덟 명의 영남 유생이 늦여름에 동반촌에서 반촌 곡회를 열고 그 모임을 기념하여 책자를 만들고 이름을 이어서 썼다. 끝부분에 책자를 만든 동기를 간략하게 밝혔다. 맨끝에 나오는 '노책(老册)'의 '노(老)'는 '성(成)'의 잘못으로 보인다.

인년1758 늦여름에 유생들이 동반촌 이복수李福壽 집에 모여 대화를 나누고 그 모임을 기념하여 명단과 거주지 등을 기록하였다. 구성원은 모두 영남 유생인데 그 동기와 과정은 다음과 같다.

> 황호(무인)년 늦여름에
>
> 동반촌 이복수 집에서 만나
>
> 연이어 써서 책을 만들다.
>
> 歲黃虎季夏會于
>
> 東泮李福壽家連書
>
> 老册

여기서 그들이 모인 장소가 눈에 띈다. 모임이 열린 동반촌 이복수 집은 앞서 홍수보가 묵었던 동반촌 이복령의 집과 관계가 있다. 이복수와 이복령은 성씨와 돌림자가 같은 것으로 보아 형제이거나 사촌쯤 되는 반주인일 것이다. 시기가 비슷하고 같은 남인 유생이 묵었다는 점에서 이 둘은 가까운 관계로 추정된다. 아마도 두 사람은 남인 위주로 유생을 받아들인 듯하다. 이처럼 반촌에서 지방 유생의 모임은 흔하게 만들어졌다.

유생들의 다양한 모임

밀양 선비 신국빈申國賓, 1724~1799이 72세 되는 1795년에 생원시에 급제하였다. 이해는 사도세자의 환갑이 되는 해라 나라 전체에 경축 분위기가 무르익었다. 2월에 거행된 국왕의 경모궁 제사에 응제應製 시험을 베풀었는데 그의 작품이 뽑혔다. 정조가 특별히 그에게 생원 진사 시험에도 참가하라 하여 마침내 최고령자로 합격하였다. 부친을 그리워한 정조가 최고령자를 배려하여 합격시켜준 듯하다. 그가 급제한 날 영남 출신 사대부들이 반촌에 모여 축하연을 열고 「서반야화록西泮夜話錄」을 작성하였다. 이가환, 정약용 등 남인 관료들이 합격을 축하하였고, 좌의정 채제공도 아들을 보내 축하하였다. 국왕의 의중을 살핀 처신이었다.

신국빈의 경우는 매우 특별한 행사였지만 일반 급제자도 비슷한 곡회를 자주 열었다. 이진만李鎭萬, 1675~1752은 경상도 영천의 선비로 1709년에 유생들과 신의계信義契를 결성하고 그 서문을 썼다. 묵산黙山 남기만南基萬, 1730~1796은 유두일流頭日에 반촌의 벽송정에서 동

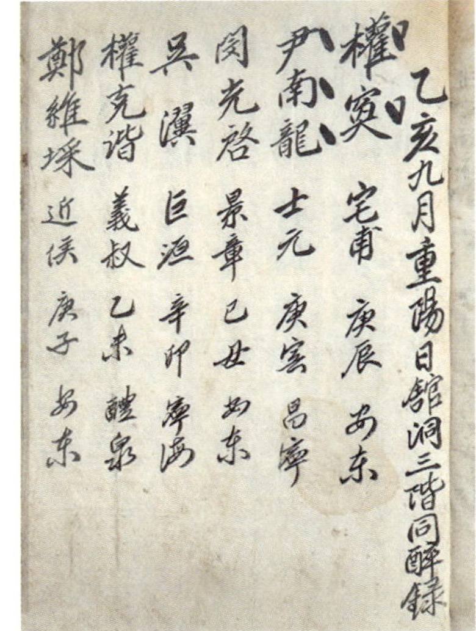

乙亥九月重陽日館洞三階同醉錄
權寀　宅甫　庚辰　安東
尹南龍　士元　庚寅　昌寧
閔光啓　景章　己丑　安東
吳漢　巨涇　辛卯　寧海
權克諧　義叔　乙未　醴泉
鄭維垛　近侯　庚子　安東

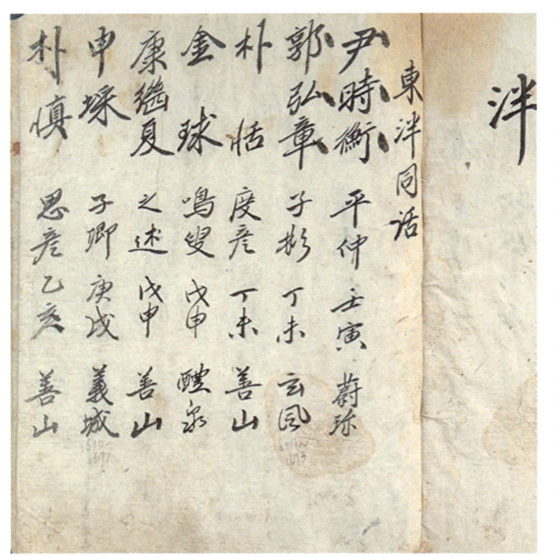

東泮同話　泮
尹時衡　平仲　壬寅　蔚珍
郭弘章　子彬　丁未　玄風
朴恬　度彥　丁未　善山
金球　鳴叟　戊申　醴泉
康繼夏　之述　戊申　善山
申墿　子卿　庚戌　義城
朴愼　思彥　乙亥　善山

『동책정수』의 「을해구월 중앙일 관동 삼계 동취록」 뒷부분과 「동반동화록」 앞부분. 1책, 저자 소장 사본. 책문 모범답안 40편을 필사한 책으로 뒷부분에는 반촌에서 열린 유생들의 반중곡회 참석자 명단을 필사하였다. 이름과 자, 출생년, 거주지를 기재하였는데 모두 영남 출신이다.

갑내기 영남 출신 유생들과 동경회同庚會를 열고 참가자의 성명과 생년, 자를 기록하여 책자로 만들었다. 그 사연을 「벽송정회화제명록 뒤에 쓰다題碧松亭會話題名錄後」란 글로 썼다.

필자가 소장한 고서 중 『동책정수東策精髓』란 책이 있다. 문과 시험의 하나인 책문策問 모범답안을 한 책에 깨끗하게 필사하였다. 앞에는 고려 말에서 조선 중종 사이의 명작을 모은 『동인책선東人策選』이, 뒤에는 선조 때까지의 명작을 모은 『동책정수』가 필사되었다. 2종 모두 구하기 힘든 책이다. 문과 시험에 매우 요긴한 명작을 모아둔 이 책은 17세기 영남 선비가 필사하였다. 책의 끝에는 진사와 생원 급제자로서 성균관에서 만나 문과를 준비하던 영남 유생 명단 3종이 수록되어 있다.

1625년 영남의 죽림사에서 생원진사시를 함께 공부하던 아홉 명의 친구 명단을 쓴 「죽림사동접록竹林寺同接錄」이 맨 앞에 있다. 다음에는 1635년 생원과 진사가 되어 반촌에서 문과를 준비하던 24명의 동반록同泮錄이 있다. 그 명칭은 「을해구월 중양일 관동 삼계 동취록乙亥九月重陽日館洞三階同醉錄」으로 9월 9일 중양절에 고향 친구들이 관동 곧 반촌에서 만나 함께 술을 마신 기념으로 명단을 작성하였다. 고향을 떠나온 유생들은 그 어떤 명절보다 중양절 때 고향을 그리워했다. 이날 지방에서 온 유생이 많이 모여 술을 마셨다. 여기서 삼계三階가 무엇을 가리키는지는 의문이나 아마도 벽송 정에서 술자리를 마련했을 것이다. 옆에 수록된 사진에서 보듯이 이 자리에 모인 전원이 영남 사람이다.

참석자 일부가 포함된 유생 열두 명은 다시 임진년1652 동반촌에 모여서 대화를 나누고 앞서와 같이 연명록을 남겼다. 이름하여 「동반동화록東泮同話錄」이다. 마찬가지로 모두 영남 출신 유생이다. 꽤 알려진 명사가 많이 포함되어 있으나 문과에 급제한 사람은 없으니 아쉽게도 공부한 보람이 없었다.

당연히 서울과 경기 지역 유생들도 다양한 모임을 하였다. 양근군 출신 신택권申宅權, 1722~1801이란 유생은 1779년에 반촌 일대에서 모임을 가졌다. 하나는 하재동취荷齋同醉이고, 하나는 동하시회東下詩會이다. 각각 21명과 20명의 소북小北 당파 유생이 참석했다. 참석자 의 절반이 중복되는데 그 명단이 신택권의 문집 『저암만고樗庵漫稿』 권1 끝에 실려 있다. 60세 전후에서 이십대 중반까지 다양한 나이의

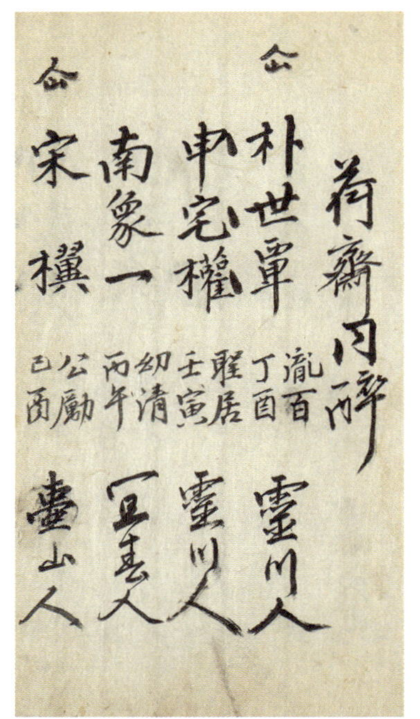

신택권, 「하재동취荷齋同醉」,
『저암만고』권1, 서울대학교 규장각한국학
연구원 소장.

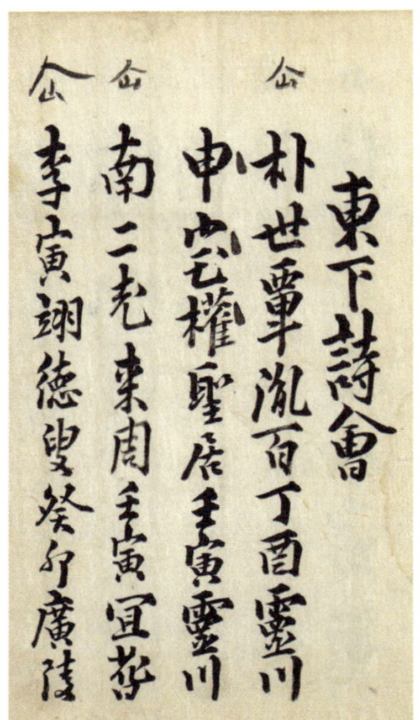

신택권, 「동하시회東下詩會」,
『저암만고』권1, 서울대학교 규장각한국학
연구원 소장.

생원 진사들이 술을 마시고 시를 지었다. 하재荷齋는 경모궁 부근의 장경교에 있었던 신택권의 서재 이름이다. 경모궁 동쪽의 궁지에 있던 연꽃이 아름다웠기 때문에 하재라고 명명한 듯하고, 동하東下는 동촌이라는 의미가 있어서 반촌에서 열린 같은 당파 성균관 동창생 모임을 뜻한다.7

공동 상소를 도모하다

반촌은 지방 유생들이 상소를 올리는 거점이기도 했다. 성균관 유생과 지역 출신 관료의 도움을 받아내는 데 반촌만큼 최적의 조건인 장소가 없었다. 세력을 뭉치고 유림의 지지를 끌어내며, 숙식까지 해결하는 등 난제를 동시에 해결할 수 있다. 반촌을 벗어나 주변에 묵는다 해도 회합은 반촌에서 열었다. 그만큼 다수의 관련자가 모이기에 알맞았다.

여러 가지 장점 때문에 상소에 참여하는 지방 유림은 반촌으로 모여들었다. 모임 장소를 보통 소청疏廳이라 불렀는데 영남 유생이 반촌에서 소청을 연 사례가 다수 남아 있다. 경상도 상주 옥동서원玉洞書院에서 정조 13년1789에 벌인 상소를 먼저 꼽을 수 있다. 이해에 조선 전기의 황희黃喜 정승을 받들고 있는 옥동서원에서는 사액賜額을 받으려고 조정에 상소하였다. 현재 전하고 있는 『소청일기疏廳日記』에 그 전말이 자세하게 실려 있는데 영남 유생이 상소하는 과정을 세밀하게 기록한 점에서 가치가 있다.

이 일을 주도한 유생은 종로3가에 있는 판정동板井洞에 거주를 정했으나 소청은 반촌에 설치하고 상소를 올리기 위해 노력하였다. 반촌에 머문 영남 유생을 두루 찾아다니며 세력을 모았고, 수수복首守僕 홍오번洪五蕃의 도움을 자주 받았다. 반촌에 거주하는 영남 출신 성균관 전적 김굉金紘에게는 상소문의 작성을 청탁하였다. 결국 남인 정승 채제공을 비롯한 조정 관료의 도움을 받아 사액을 받고 귀향하였다. 그가 활동한 기록을 두루 살펴보면 반촌이 주무대이다.

옥동서원 관계자들이 소청을 설치했을 때 역사적으로 더 중요한 소청 운동이 진행되고 있었다. 영조 때 일어난 무신란戊申亂에서 영남 선비들이 전개한 의병 운동의 공적을 인정받기 위한 무신창의소

戊申倡義疏 소청이 반촌에 설치되었다. 그 과정은 『무신창의소일기戊申倡義所日記』로, 그 결과는 『무신창의록戊申倡義錄』으로 편찬 간행되었다. 무신창의소 소청은 1728년 3월 15일 청주에서 이인좌李麟佐 등이 반란을 일으켰을 때 안동을 중심으로 경북 북부 지역에서 유생들이 의병을 일으켜 관군을 도왔는데 그 공적을 인정해달라는 요구였다. 이때도 정승 채제공의 도움을 받아 결국 조정으로부터 그 공적을 인정받았다. 몇 년간에 걸친 무신창의소 노력은 반촌의 소청을 중심으로 진행되었다. 옥동서원 관계자들은 반촌 사람들로부터 경험과 방법을 전수받아 일을 진행하였다. 반촌에 소청을 설치하려는 이유는 이런 몇 가지 사례에서 분명하게 확인할 수 있다.

4부
반인의 흥망성쇠

15장.

지식과 교양을 갖춘 반인

서당개 삼 년에 풍월하듯이

반인은 성균관을 수호하고 유생을 보좌하면서 현방을 경영하고 유생과 관료에게 숙식을 제공하였다. 겉으로는 사회적 경제적 약자였으나 대체로 주거와 생계가 안정되었다. 살림살이가 한양의 일반 주민보다 나은 특수한 상인 집단이었다. 악착같이 잇속을 챙기는 상인 같은 면모가 있어서 유생들은 흔히 반촌의 풍속을 부정적으로 보았다.

그렇다고 반인이 상인으로서의 성격만 가진 것은 아니다. 먼저 반인은 맡은 업무의 특성상 교육기관의 규칙과 예법, 제도에 전문적 식견을 소유하였다. 그와 같은 전문성 때문에 중앙정부의 각 관아에서 실무관료로 전문성을 갖춘 경아전京衙前과 상당히 유사한 지위를 누렸다. 그 정점에 수복과 서리가 있었는데, 그 지위가 가볍지 않았다.

조선 후기에는 중인과 평민이 문학과 학문 활동에 참여하였다. 사설 교육기관인 서당이 전국에 널리 개설되었고, 서민 자제를 교육하는 서당의 수도 적지 않았다. 교육과 문화의 영역에서 대중화 현상이 확산되었다. 문자의 사용과 독서는 오랜 기간 양반 사대부가 독점한 특권이었다. 하지만 점차 사대부 외의 계층에서 문자를 익히고 문학을 향유하려는 욕구가 증가하였다. 양반을 제외한 중인과 서민을 당시에는 여항인이라는 말로 표현하였다. 특히, 한양을 중심으로 대도시에 거주하는 여항인 중에서 식자층이 두껍게 형성되었다. 경제력을 갖춘 여항인은 문화 방향으로 욕구를 분출시켜 사대부가 독점하던 지식과 교양을 공유하고자 하였다.[1]

여항인의 문학은 이러한 환경에 호응해 크게 융성하였다. 반인 역시 그 흐름에 주도적으로 참여했다. 유생과의 접촉이 많았기에 조건이 나쁘지 않았다. 반인은 여항인 창작 집단의 주요한 구성원의 하나로 발돋움하였다. 경아전과 의원, 역관 등의 구성원은 여항문학의 중심으로 일찍부터 주목을 받았으나 반인은 그동안 존재감이 거의 없었다. 반인 가운데 널리 알려진 시인도 알려진 바가 없었다. 그러나 반인이 여항문단에서 무시할 수 없는 세력을 지닌 존재였음이 새로 밝혀졌다.

반인 가운데 경제력이 뛰어난 이들도 물론 있었지만 반인들의 경제력도 전반적으로 상승하였다. 그에 따라 사회적 역량 또한 점차 커졌다. 관노비가 해방된 19세기 들어서는 관노비라는 명목상의 굴레조차도 벗게 되었다.

경제력도 갖췄지만 반인은 성균관 실무자로서 전국의 유생과 빈번하게 접촉하는 유리한 환경에서 생활했다. 한양의 과거시험뿐만 아니라 전국 지방의 향시鄕試에서도 반인이 실무자로 가담하였다. 비천당 일대가 수많은 과거시험의 시험장으로 쓰였다. 성균관 유생을 대상으로 한 정기적 비정기적 시험이 빈번했기에 반인은 각종 시험을 치르는 많은 유생과 직접 접촉하였다. 지식인과 어울려 생활하다보니 자연스럽게 유생의 문화에 접촉하고 그 문화의 세례를 받은 지식층이 생겨났다. 다음은 반인의 시를 뽑아 만든 시선집『반림영화泮林英華』의 서문이다. 반촌의 문화적 분위기를 유생과 연관지어 인상적으로 서술하였다.

응봉鷹峯 아래에 국학國學이 있다. 배움의 궁전學宮의 절반을 껴안고 흐르는 물이 있으니 이를 반수라 한다. 이 반수를 끼고서 동쪽과 서쪽에 살고 있는 이들을 반인이라 한다. 반인이 지은 시를 뽑은 책을『반림영화』라 한다. 사람에게 시는 꽃나무에 꽃이 핀 것과 같다. 정기가 발산되어 찬란하게 밖으로 펼쳐졌기에 영화英華라 하였고, 시작품이 반인에게서 나왔기에 반림泮林이라 하였다. 반인은 학교가 있는 땅에 바짝 붙어서 살고, 유생의 가르침에 깊이 젖어들었다. 우러러 흠모하고 보고서 느낀 바가 학문을 닦는 일에서 떠나지 않으니 시를 짓는 능력을 갖추게 된 것은 당연하다. 그렇지만 선집을 만들기는 나로부터 시작되었으니 내가 성균관에서 관직 생활을 하고 있기 때문이다.[2]

성균관을 응봉 산줄기에 자리잡은 배움의 궁전으로 묘사하며 시

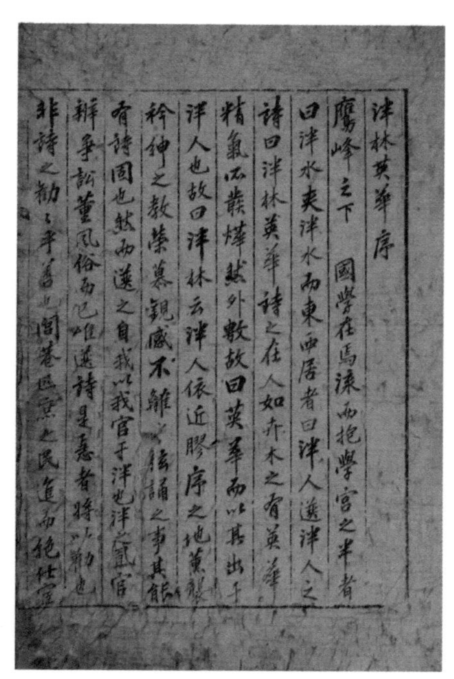

심계석(沈啓錫), 「반림영화서泮林英
華序」, 『반림영화』 사본, 임형택 소장.

작한 글에서 반인이 그 주변에 살고, 또 유생과 긴밀하게 접촉하면서 시를 지을 능력을 갖추게 되었다고 밝혔다. 반인이 한시를 지을 능력을 갖추게 된 문화적 환경을 설명했는데 이는 부정할 수 없는 사실이다. 반인이 유생과 밀접하게 교류하며 시를 지은 구체적 사례는 다수 확인된다. 김희중金喜重과 주영창朱永昌이란 반인에 주목해본다.

오랫동안 반촌에 기거한 황윤석은 『이재난고』에서 사대부와 반인 문사가 어울려 시를 주고받는 장면을 여럿 소개하였다. 효효재嘐嘐齋 김용겸金用謙이란 당대의 명사를 모시고 석사碩士 이만운李萬運, 정랑 송익중宋益中, 정자 홍광일洪光一, 정자 신성진愼性眞, 박사 장한철張漢喆, 문의현감 남명학南溟學 등 조정 관료가 벽송정에서 함께 어울렸는데 그때 반인 김희중과 주영창을 참여시켜서 함께 시를 지었다.[3] 그때 지은 작품이 문집『이재유고』권4에 실려 있다. 반인 김희중에게는 "예를 잘 아는 사람이다"라는 설명을, 주영창에게는 "시를 잘 짓는 자이다"라는 설명을 덧붙여놓았다. 지식층에 속하는 반인임을 밝힌 것이다.

관료와 유생, 반인이 서로 어울려 지내고 문학을 교환하는 생생한 장면이다. 식자의 모임에 참여한 반인은 사대부와 교류할 만한 지적 능력을 갖추었다. 황윤석이 인정한 두 명의 반인은 당시에 제법 널리 알려진 인물이었다.

주영창의 경우, 그의 사위가 김용겸의 반주인이었고, 시문과 글씨, 노래, 거문고 등 다양한 기예에 능한 사람이었다. 정조 때 이조판서를 지낸 윤행임尹行恁도 성균관 전복 주영창이 시를 잘 짓고, 세상에서 명성이 제법 높다면서 그가 지은 '늙어갈수록 시편은 그저 껍데기요/ 취하고 나니 천지는 탄환처럼 작도다老去詩篇只虛殼, 醉來天地亦彈丸'라는 시구를 소개하였다.[4] 주영창은 황윤석의 반주인인 이수득과도 잘 아는 사이였다. 이수득이 소유한 거문고를 가져다 곧잘 연주하였는데 이는 공조판서 어석정魚錫定에게 9냥이란 제법 많은 돈을 주고 산 악기였다. 이수득 역시 큰돈을 들여 악기를 사서 간직할 만큼 취향이 고급스러웠다. 이수득은 황윤석에게 막된 상인처럼 굴었으나 또다른 면이 있었다. 어유구의 아들인 어석정 역시 반촌에 세거했는데 이들의 관계로 반인이 명문가 출신 고관과도 취향을 공유하고 교류했음을 알 수 있다.

반인의 문학적 능력

반인의 문예 취향은 다른 영역에서도 발휘되어 정조 때에는 정생鄭生이란 명필도 나타났다. 반인인 정생은 어려서부터 글씨를 배우느라 대단히 많은 종이를 소비하였는데 그림까지 잘 그렸다. 정조가 그의 글씨를 사랑하여 그에게 정생이란 이름을 하사하였다. 그의 글씨가 신라의 명필 김생金生에 견줄 만하다고 호평해서였다. 대단한 영광이 아닐 수 없다. 정조의 명을 받아 수원 화성의 팔달문 편액을 쓴 그는 만년에 정생노인鄭生老人을 자처했다고 한다. 조선 후기의 여항인 예술에 해박한 오세창吳世昌, 1864~1953의 『근역서화징槿域書畵徵』에 나오는 기록이다.[5]

김희중은 『풍요속선』에 등장하는 김희중과 동일인이다. 여항인의 한시를 뽑아 수록한 이 시선집에는 반인의 시가 적지 않게 수록되어 있다. 6권에서 김희중의 작품을 뽑고 작가를 소개하면서 "김희중은 자가 경유景由, 호가 취성와醉醒窩로 김여휘金麗輝의 아들이다. 일찍이 『관혼상제례冠婚喪祭禮』 3권을 편찬하였는데 집에 보관해두고 있다"고 설명하였다. 양반과 다름 없이 자호字號를 가지고 있다. 예학에 밝은 사람이었고, 저술까지 남겼다. 또 시를 잘하여 여섯 편의 시가 수록되었다. 적지 않은 수량이니 상당히 인정받은 셈이다. 김희중은 당대의 명사와 학자가 시회에 동참시킬 만한 자격을 갖춘 인물이라 하겠다.

앞서 14장에 등장한 영남의 학자 조술도는 1784년 반촌에 묵던 무렵 반인 김희중을 만났고, 그에게 강한 인상을 받아서 시를 써서 높이 평가했다. 「김희중은 지체는 낮으나 바탕이 순수하다. 또 옛 예법을 말하기 좋아하여 어른을 좇아 많이 노닐었다. 그를 가상하게 여겨 시를 준다」라는 긴 제목의 시인데 시를 짓는 동기를 제목에서 밝히고 있다. 모두 김희중이 예법에 조예가 깊다고 인정하였다.[6] 반인 가운데 상당히 널리 알려진 학자이자 시인임이 틀림없다.

유생과 반인 문사의 교유는 이외에도 곳곳에서 확인할 수 있다. 또하나의 사례로 오랫동안 성균관에 출입한 윤기도 반인과 어울렸다. 윤기는 젊은 반인에게 다음 시를 주었다.

속류 중에는 그대 같은 사람 드물어	俗流少似爾
술잔 나누며 늘 함께 즐거워했지.	杯酒每相歡
옛 도리를 흉금 열어 꼼꼼히 논하고	古道論心細
새로 지은 시는 눈을 부비고 다시 보네.	新詩刮目看
인적 없는 빈산에는 숲 바람 소리	山空林籟動
맑은 가을 하늘에는 둥근달이 서늘하네.	秋霽月輪寒
다 놔두고 세상 밖에서 노닐 만하니	且可遊方外
인생길 어렵다고 노래하지 말게나.[7]	休歌行路難

첫 구절이 '반수를 굽어보는 그대 집에서爾家臨璧水'로 되어 있는 사본도 있다고 하니 윤기가 이 시에서 말한 사람은 틀림없이 반인이다. 반인 젊은이는 시를 잘 지은 문인으로 묘사되어 있다. 이름을 밝히지 않아서 아쉽게도 그의 행적을 더 추적하기는 어렵다. 3~4구에서는 더불어 학문을 논할 만하고, 깜짝 놀랄 만한 창작 능력을 보여준다고 칭찬하였다. 『반림영화』에 수록될 만한 시인이었을 것이다.

이처럼 유생과 작품을 주고받을 만큼 교유가 깊었고, 학문과 문학에서 능력을 발휘하는 반인이 제법 많이 배출되었다.

반인의 출판 능력

한편, 반인의 문화적 역량은 출판에서도 확인할 수 있다. 성균관에는 본래 출판을 담당하는 기능이 있었다. 현재의 대학출판부와 비슷한 기능이다. 임진왜란이 끝난 뒤 책자의 부족을 해결하기 위해 여러 기관에서 책을 간행했는데 성균관도 이에 동참하였다. 광해군 1년1609에서 2년1610까지 성균관은 조선 초 간본을 저본으로 하여 『사서대전四書大全』을 목판으로 간행하였다. 숙종 10년1684 5월 12일에 성균관에서는 숙종에게 『사서대전』과 『삼경대전三經大全』 및 『심경心經』 『근사록近思錄』의 간행을 허락해달라고 요청하였다. 숙종 12년1686에 성균관에서 간행한 『논어대전』과 『중용장구대전』 등이 현존하므로 허락을 받아 실제로 간행하였다.[8] 성균관에서는 유교 경전 위주로 간행하였고, 목판을 새기는 각수刻手도 보유하고 있었다. 실무 작업에 반인이 참여하였을 것은 자명하다.

또 경서 외에도 반촌 송동에서는 10여 종의 방각본 한글 소설이 간행되었다. 조선 후기에는 한양 여러 곳에 방각소坊刻所가 출현하여 상업적 판매용으로 대중적 한글 소설을 출간하였다. 그중 중요한 출판사가 송동 방각소이다. 여기에서 나온 책은 『홍길동전』 『장화홍련전』 『백학선전』 『금방울전』 『쌍주기연』 『심청전』 『흥부전』 『춘향전』 등 10여 종이 있다.[9] 이들 한글 소설은 대체로 20장 내외의 분량으로, 시중에서 인기를 얻어 유통되던 소설을 축약해 출간하였다.[10]

송동 방각소를 운영한 전문 출판업자에 대한 자료가 나오지 않아 확실치는 않으나 당시 송동이 반인들의 집단거주지였음을 고려한다면 반인이 운영했다고 보는 것이 합당하다. 근거는 여러 가지이다. 하나는 반인의 문학적 소양과 상인으로서의 사업 능력이 상업적 판매용 소설 출간과 잘 결합될 수 있어서다. 또하나는 성균관에서 서적을 인출印出하는 실무자의 능력을 바탕으로 부업으로 방각본 소설을 출간할 수 있기 때문이다. 성균관은 각종 종이를 대량으로 사용하는 기관이었고 반인은 이곳에서 종이 공급의 주요한 실무자였기에 출판업으로 진출했다고 볼 수도 있다.

반인의 출판 능력은 1804년에 목판으로 간행한 『정의사호성록鄭義士護聖錄』을 통해 가늠해볼 수 있다. 이에 따르면 자료를 모으고 글자를 쓰고 교정을 보며, 판각과 인출의 감독 등 출판의 모든 일을 반인이 진행하였다. 나중에 그 판목은 반촌의 호성사護聖司에 보관하였다. 출판문화에서 반촌의 송동이 지니는 위상을 조금 더 눈여겨볼 일이다.

16장

반촌 주민의 시선집
『반림영화』

성균관의 숲에 피어난 아름다운 꽃

놀랍게도 반촌 사람들은 마을 주민이 지은 시를 모아 시선집까지 만들었다. 지금으로부터 200년 전인 1820년에 완성된 『반림영화泮林英華』란 시집이다. '성균관의 숲에 피어난 아름다운 꽃'이란 멋진 이름이다. 성균관 전적典籍으로 근무하던 심계석沈啓錫, 1782~1837이 편집했지만 실제로는 반촌 마을 지식인이 편찬을 주관하였다. 한 마을 한 시대 사람들이 힘을 모아 만든 시집이라니, 현대에도 있을 법하지 않은 시집이 200년 전 성균관 마을에서 편찬되었다. 비슷한 사례를 찾기 힘든 역사적 가치를 갖는 시집이다. 이 시선집은 성균관대학교 한문교육과 교수를 역임한 임형택 선생이 소장하고 있다가 최근 같은 학교 대동문화연구원에서 복제 출간하였다. 반촌의 문화적 역량을 상징하는 책이다.

시집 원본은 필사본 2권 1책 49장이다. 각 권 첫 면에 편자로 이봉장李鳳章, 교정자로 김기영金祺永이 올랐는데 모두 반인이다. 심계석이 편찬을 주도했다고 밝혔으나 이봉장과 역할을 분담하여 진행한 것으로 보아야 한다. 작가의 선정과 작품의 수집은 반인의 도움 없이는 불가능한 일이다. 이봉장이 실무를, 작품의 선정과 수정은 심계석이 맡았다고 보는 편이 합당하다.

심계석의 서문이 나오고 그 뒤에 '범례凡例' 다섯 개 조항, 이어서 권1과 권2의 목록과 본문으로 구성되었다. 그 끝에는 김양직金養直과 박영석朴英錫이 지은 발문 두 편이 실려 있다. 김양직은 성균관 유생이고, 박영석은 반인이다. 체제는 여항인의 시선집인『소대풍요昭代風謠』1737와『풍요속선』1797을 따른다. 반인을 여항인으로 보고 그 체제를 수용한 것이다.

수록된 시인은 모두 반인으로 62인의 시작품 186수를 수록하고 있다. 편찬 당시 나이 60세 이하의 시인 60명의 시를 뽑고, 이어서 17세의 청소년 둘을 추가하여 모두 62명인데 그들의 인적 사항을 간략히 소개한 뒤 시를 수록하였다.

반인의 인적 사항을 정확히 서술한 문헌은 이것이 유일하다. 이를 통해 당시 800호에서 1000호에 이르는 반촌의 가구와 1만 명에 이르는 주민 가운데 지식층에 속하는 가문이 어떻게 구성되었는지를 파악할 수 있다. 이 명단에 포함된 성씨는 반촌의 주요 가문이다.

한 마을의 출판기념회, 반림선시연

심계석과 편찬 실무자들은 시선집의 편찬을 마치고 반림선시연泮

林選詩宴을 열었다. 그의 문집에는 이날의 잔치를 두고 읊은 시가 실려 있다. 다음에 인용한다.

봄기운을 받아서 배양된 인재가	滋育承春氣
반촌 숲에 꽃을 피워 모여 있네.	英華萃泮林
서민의 집에도 올바른 도리가 있어	華圭存雅道
시를 읊어 신령한 마음 드러냈네.	月露見靈心
제각기 시인의 취지를 터득하여	各得風人旨
태평성대 곡조를 이루고 있네.	要爲盛世音
주옥같은 시를 보고 깜짝 놀라니	珠璣驚照眼
정밀하게 선정했는지 부끄럽구나.[1]	賞鑑媿精深

작품이 뽑힌 시인을 반촌 숲에 피어난 꽃에 비유하였다. 신령한 감정을 표현한 반인의 시는 시 본연의 가치를 잘 드러냈고, 그 주옥같은 시의 가치를 자신이 제대로 평가하지 못해 부끄럽다고 하였다. 그는 창작 동기를 다음과 같이 밝혔다.

경진년1820 가을, 나는 임금의 명을 받아 성균관 주부主簿, 전적의 옛 이름가 되어 반민을 다스렸다. 시를 지을 줄 아는 반민 60명을 가려서 그들의 작품을 모으고 한 권으로 엮어 '반림영화'라 이름붙였다. 선집이 완성된 뒤 뽑힌 이들이 모두 모여 술자리를 마련해 즐겼으니 성대한 일이라, 오언율시를 써서 보여주었다.[2]

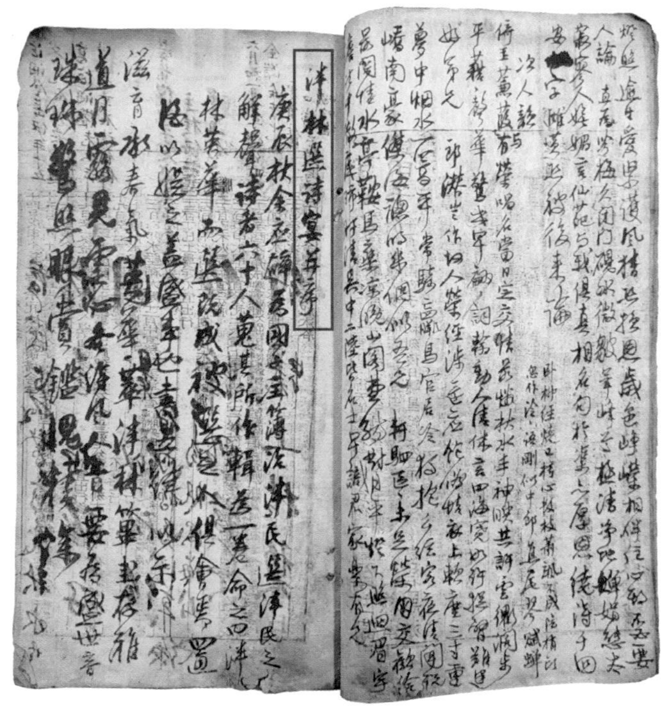

심계석, 「반림선시연 병서泮林選詩宴 幷序」, 『향재수록香齋隨錄』, 편자 미상, 사본, 개인 소장. 편자를 알 수 없는 19세기의 시문집 선집에 실려 있다.

이 말대로 반림선시연은 선집에 작품이 실린 60명과 함께 벌인 출판기념회였다. 이 기념비적 저작은 성대하게 축하할 만한 자긍심을 북돋는 일이었다. 한 마을 주민의 시를 모아 시집을 편찬한 일은 역사적으로도 드문 일로, 지금까지 이런 종류의 시선집은 존재하지 않았다. 800가구가 사는 마을에서 이렇게나 많은 수의 시인이 존재했음을 뽐내는 선집이었다. 반인의 문화적 문학적 역량을 과시하는 매우 특별한 행위였다. 심계석은 『반림영화』 서문에서 다음과 같이 말한다.

이 시선집에는 관기교 안쪽 반촌을 벗어나지 않으면서도 60여 명의 작가를 성대하게 수록하였다. 모두 일반 백성 가운데 준수한 사람들로 문왕文王 같은 성군이 나와서 인도하기를 기다렸다가 분발하였다. 선집에 실린 시는 비록 곡조에는 높고 낮은 차이가 있고, 재능에는 깊고 얕은 다름이 있으나 요컨대, 모두 온유돈후溫柔敦厚하여 약삭빠르거나 들뜬 버릇이 없다. 치세의 소리이므로 오吳나라 계찰季札이 와서 분간할 필요조차 없다. 성인이 지나는 곳마다 감화를 끼치고, 머무는 곳마다 신령스럽게 바꾸어 백성들이 고무되어 여항의 평민까지 파급된 오묘한 효과가 아닐까? 시선집에 들어간 시인은 늙은이는 채 60세가 되지 않았고, 어린 이는 약관에 미치지 않았다. 제각기 정결하게 닦고 깊이 함양하며, 재능과 정감을 더 단련하여 작품을 많이 지으면 그 조예가 어찌 한계가 있으랴? 저 울창한 반촌의 숲이 앞으로 낭간琅玕이 자라는 밭, 난초가 자라는 물가가 되리니 반인들은 노력할 일이다.[3]

난세가 아닌 치세의 시를 지은 반인이 앞으로 더 수준 높은 시를 짓기를 기대하였다. 제왕의 교화가 여항까지 스며들어 반인들도 시를 창작할 줄 안다는 논리를 펼쳤다. 여항인 시선집에 으레 쓰이는 논리이다. 다만 그의 기대와는 달리 그뒤로 명성을 얻은 반인은 잘 보이지 않았다. 이러한 시선집을 편찬하려는 시도가 이후에는 보이지 않는다.

『반림영화』 속 반인 시인

『반림영화』에는 주목할 만한 시인이 여럿 등장하는데 홍익룡洪翼

龍, 1763~?이 그중 한 사람이다. 그는 성균관 유생의 시에 차운하기도 했는데[4] 유생과 시를 주고받을 만큼 창작 능력을 갖췄다. 다음에 「호젓한 집에서幽居」라는 시를 인용한다.

벽암碧菴에 높이 누우니 이 한 몸 호젓하고	碧菴高臥此身幽
반수 물가에 사립문 한 짝이 열려 있네.	一扇扉開泮水頭
낮이 길어 거문고 책이 즐겁지 않으니	永日琴書非自樂
늘그막이라 한 동이 술로 시름을 펴려 하네.	暮年樽酒爲寬憂
심드렁히 북저동으로 꽃구경하러 가고	尋常北渚看花去
느긋하게 동쪽 성곽에서 달과 함께 노니네.	汗漫東城伴月遊
동산이 조정과 가깝다 말하지 말게.	莫道林園朝市近
산 늙은이 취흥에 겨워 홀로 자유롭네.	山翁醉興獨悠悠

반인의 생활상을 인상적으로 묘사한 시이다. 첫 구절에서 자신의 집을 벽암이라 칭했다. 그의 호가 벽옹碧翁인 것을 보면 벽암은 택호宅號이다. 아호와 택호로 벽송정 주변에서 살아가는 반인의 처지를 표현했다. 오랜 세월 성균관 수복으로 지낸 경력과 반수 물가에 사립문이 나 있다는 2구의 묘사로 볼 때 틀림없다. 5구와 6구에서는 보통 때는 성곽 너머 성북동으로 꽃구경하러 가고, 동대문 근처에 올라 달구경하는 여가생활을 읊었다. 반촌과 가까워 반인이 곧잘 찾아가 놀던 장소였다. 『반림영화』에는 이 두 곳에서 노니는 작품이 여러 편 실려 있다. 마지막 구절에서는 반촌이 정치 행위가 벌어지는 조정과 거리는 가까워도 자연에 묻힌 호젓한 삶을 가꿔갈 만한

곳임을 자부하였다. 반인의 삶을 표현한 수작이다.

18세기는 여항문학이 본격적으로 발전하는 시기였다. 경아전과 의원, 역관 등이 그 중심축이었고, 반인은 그 일부로 인정받지 못했다. 그동안 누구도 반인을 중요하게 눈여겨보지 않았다. 그러나 『반림영화』가 출현하면서 반인도 여항문학의 중요한 구성원임이 드러났다. 그 자신이 반인이기도 한 박영석이 지은 발문에 그 사실이 뚜렷하게 나타난다. 조금 길지만 발문 전문을 인용한다.

훌륭하도다! 우리 조정에서 문화를 숭상하는 정치는 주周나라의 태평시대보다 더 융성하니 반수 가에 사는 반인도 솔개 날고 물고기 뛰어오르는 교화의 덕택을 입었다. 그래서 골목에서 지은 시작품이 『소대풍요』에 처음으로 선발되었고, 『풍요속선』에 뒤를 이어 뽑혔다. 그러나 그 중간의 작가는 알려진 이가 없이 적막하니 정말 작가라 할 만한 이가 없어서일까? 아니면 당세의 거장과 문호가 추천하고 북돋지 않아서 그런 것일까?

다행히도 대림 심공께서 마침 성균관 전적으로 부임하셔서 문풍을 진작시키고 시의 가르침을 일으키셨다. 마침내 반수의 동서 마을 800여 호를 두루 뒤져서 대단히 열심히 채집하였고 대단히 정밀하게 골랐다. 얼마간의 시를 모아 책을 완성하여 『풍요風謠』의 여운을 잇고 책 앞에 수록할 서문을 얹어주셨으니 참으로 성대한 조처였다.

나는 늙은 학구學究이다. 따라서 담비 가죽을 개꼬리로 잇는 처지에 외람되게 그 안에 속해 있다. 질장구와 토고土鼓로는 성인의 음악을 합주하지 못함을 분명히 알고 있으나 의리상 감히 재주가 모자람을 핑계로

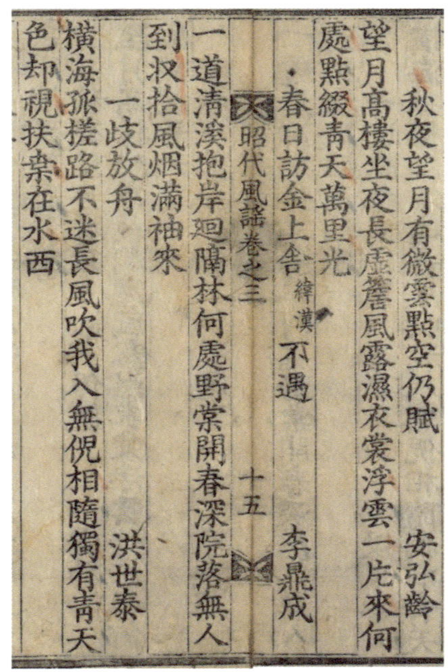

秋夜望月有微雲點空仍賦　安弘齡

望月高樓坐夜長　虛簷風露濕衣裳　浮雲一片來何
處　點綴青天萬里光

・春日訪金上舍　緯漢　不遇　李鼎成

昭代風謠卷之三　　十五

一道清溪抱岸廻　隔林何處野棠開　春深院落無人
到　衩拾風烟滿袖來

一歧放舟　洪世泰

橫海孤槎路不迷　長風吹我入無倪　相隨獨有青天
色　却視扶桑在水西

『소대풍요』 권1, 하버드 옌칭도서관 소장, 서울대학교 규장각한국학연구원 제공. 유일하게 수록된 반인 이정성의 7언절구. 홍세태와 비슷한 시기 사람으로 시를 잘 지었다.

사양할 수 없어 마침내 두 손 모아 절하고 편찬의 경과를 적는다.[5]

박영석은 『반림영화』가 나와서 반촌을 빛냈다고 하였다. 그의 말처럼 이 책의 출현은 반촌의 존재와 그곳 사람들의 문화적 역량을 드러낸다. 반인의 시가 『소대풍요』에도 수록되었고, 이어서 『풍요속선』에도 뽑혔다는 사실이 밝혀졌다. 이 2종의 선집에는 반인임을 확인하는 어떤 정보도 제시해놓지 않아 그들의 시가 실렸다는 사실을 누구도 알아차리지 못했다. 하지만 반인들은 이를 잘 알고 있었고, 그에 대해 크게 자부심이 있었다.

『반림영화』에서는 작가를 소개할 때 이전 문헌에 시가 실린 정보와 그 친족이 문인으로 활동한 사실을 상세하게 밝혔다. 특히『소대풍요』와『풍요속선』에 시가 실린 정보는 반드시 밝혀놓았다. 이 기록 덕분에 반인이 여항시인의 일부임을 확인하게 되었다.『반림영화』의 기록을 토대로 여항인 시선집을 비교하여 조사해보니『소대풍요』에서는 한 명이,『풍요속선』에서는 여덟 명이,『풍요삼선』에서는 마흔여덟 명이 반촌 출신 시인이었다. 다만『반림영화』에 실리지 않은 반인과 그 친족은 확인하기 어렵다. 면밀하게 살펴보니 여러 명의 반인이 더 수록되었다.『반림영화』를 근거로 삼아 조사해보니, 18세기 이후 반촌에서는 앞에서 언급한 학자와 시인이 배출되었다. 여항시단에서 작지 않은 비중이다.『풍요삼선』에서 수록 시인이 대폭 늘어난 것은『반림영화』를 참고한 결과이다.

그중에서 이종만李宗萬의 5대조로『소대풍요』에 작품이 실린 이정성李鼎成이 가장 앞서 두각을 나타낸 반촌 시인이다. 성균관 수복을 지낸 그의 시는 칠언절구「세심정에서 우연히 시를 짓고서 상사생上舍生 임선비에게 보이다洗心亭偶成拙句, 示任上舍」등 6수가 뽑혀 있다. 이옥은「반촌사정려기」에서 그를 정려문을 받은 효자이자 시인이라고 밝혀놓았다. 반촌을 빛낸 인물 중 하나로 평가한 것이다. 이 시선집에는 반촌을 소나 잡고 돈이나 밝히는 천박한 마을로만 보지 말고 고급스러운 문화가 있는 마을로 보아달라는 반인의 호소가 담겨 있다.

17장.
문묘의 신주를 지킨 정신국

의로운 수복의 상징 정신국

한양과 반촌의 주민에게 존경과 인정을 받은 반인이 여러 명 있다. 17세기 이후 20세기 초까지 명성을 드날린 이들이다. 17세기의 정신국, 18세기의 안광수와 정학수, 그리고 20세기의 홍태윤과 박승환 등이다. 반촌을 빛낸 대표적 명사들이다.

맨 먼저 소개할 수복 정신국鄭信國, 1602~1681은 반인의 자부심을 상징하는 인물이다. 형제 여섯이 수복을 지낸 반인 명문가 출신으로 순흥 정씨이다. 병자호란으로 한양이 혼란에 빠진 상황에서 유생들은 허둥지둥 도망하기에 바빴을 때, 그는 문묘의 신주를 충직하게 지켰다. 그는 동료 수복 박참미朴僭美를 설득하고, 도망하려던 유생 나이준羅以俊, 1602~1676을 만류하여 문묘의 제기와 악기부터 명륜당 뒤뜰에 묻었다. 뒤이어 공자 이하 열 명의 제자 신주를 말에 신

고 인조가 피난한 남한산성으로 옮겼다. 그 신주를 임시로 개원사開
元寺에 봉안해뒀다가 난이 끝나고 문묘에 다시 봉안하였다. 문묘가
존재하는 근거라 할 공자의 신주를 끝까지 수호한 것이다.

이 모든 일은 정신국의 주도로 이뤄졌다. 난이 끝난 뒤 그의 행위
를 의롭게 여긴 인조가 노비 신분을 벗겨주는 특별한 은혜를 베풀
었다. 하지만 그는 "제 직무를 행하였을 뿐이오니 면천을 원치 않습
니다. 종신토록 문묘를 지키고자 합니다!"라며 문묘의 수호자로서
수복의 직분을 지키겠노라고 답했다. 실제로 그 말을 실천하여 평
생 문묘를 지켰다.

반촌에서는 정신국을 의로운 수복의 상징으로 떠받들었다. 영조
3년1727에 김세진金世珍 등 반인들이 정신국을 표창하는 의미로 정
려문을 내려달라고 상소를 올렸을 때 영조는 정려문을 세워주고
"의사호성수복義士護聖守僕"이라 쓰게 하였다. 수복에게 의사義士라
는 표현까지 썼다. 영조는 문묘를 신성시하는 존성묘尊聖廟의 잠언
을 성균관에 내리기도 했는데 그런 그에게 정신국은 이 잠언에 가
장 부합하는 인물이었다. 의사라는 표현은 그의 영예일 뿐만 아니
라 반인 전체의 영예였다.

대를 잇는 조정의 표창

역대 임금과 사대부는 정신국의 의로움을 높이 평가하여 그와 후
손에게 포상을 두텁게 내렸다. 그 후손에게 때때로 포상을 내릴 뿐
아니라 거듭하며 정식 수복 자리에 임명하였다. 그가 세운 의로운
행적은 그 집안을 영구히 반촌의 명가로 만들었다. 1752년 임신년

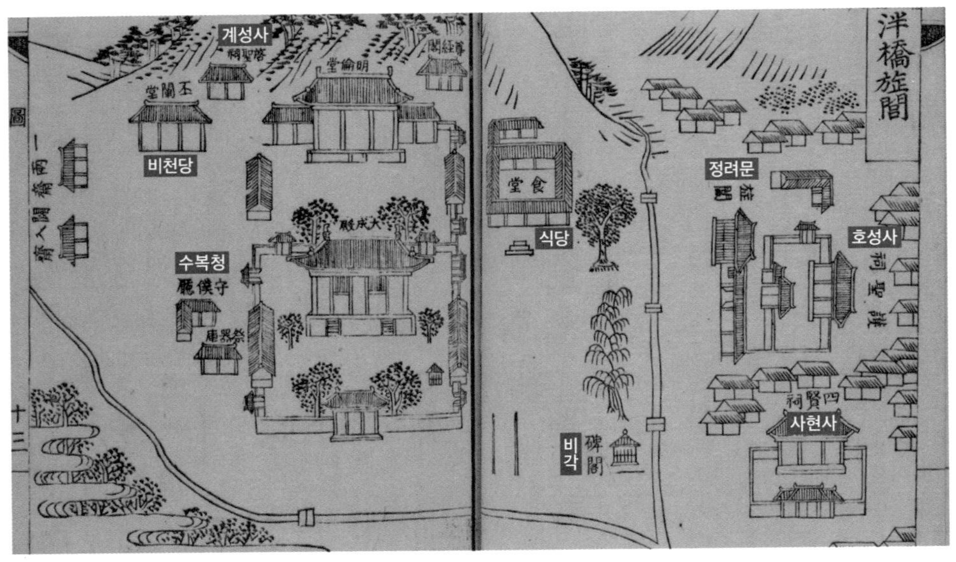

반교에 세워진 정신국과 박참미의 정려문. 〈호성록십이도〉 중 '반교에 정려문을 세우다洋橋旌閭' 그림. 『정의사호성록』, 버클리대 동아시아도서관 소장, 고려대학교 민족문화연구원 해외한국학자료센터 제공. 1727년 식당교 앞에 세워진 정려문과 1791년 중석교 앞에 건립된 사당 호성사(護聖祠)의 위치를 보여준다. 왼쪽에는 문묘와 명륜당을 비롯해 존경각과 비천당, 계성사, 수복청 등 여러 건물의 위치를 묘사했다. 호성사 남쪽에는 사현사가 자리잡고 있다. 문묘의 위상이 크게 약화된 20세기 이후 호성사는 사라져 흔적을 찾기 힘들다.

에는 여섯 명의 정식 수복 가운데 한 자리를 정과鄭窠, 그러니까 정씨에게 주는 벼슬자리라고 명명하여 그 후손 가운데 골라서 임명하도록 하고서 이를 임신완문壬申完文이란 규칙으로 제정하였다. 또 공자를 제사하는 봄가을의 석전제 때 공자에게 바친 제수 음식을 물려서 문묘 뜰에서 정신국에게 제사를 지내도록 하는 은전도 베풀었다. 줄줄이 이어진 포상은 이루 다 쓰기 어려울 정도이다.

조정의 표창은 뒤에도 계속되었다. 1791년에는 성균관 유생과 반인이 공동으로 동반촌에 정신국을 제사하는 호성사護聖祠를 세우게 해달라고 발의하였다. 정조는 그 요청을 받아들였다. 당시 대사성은

                                   4부. 반인의 흥망성쇠

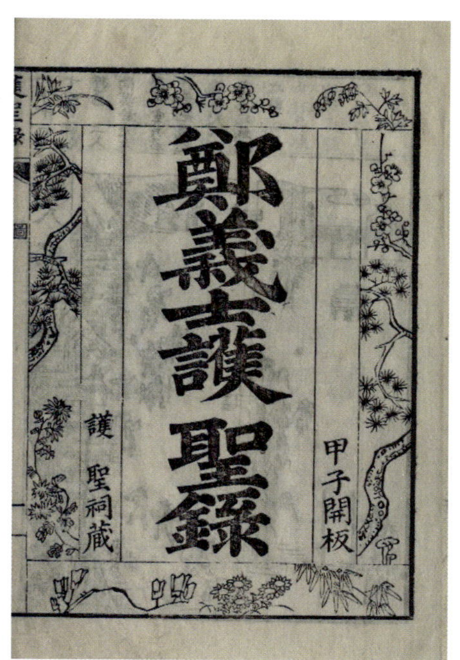

『정의사호성록』의 안표지, 버클리 대 동아시아도서관 소장, 고려대 학교 민족문화연구원 해외한국학 자료센터 제공. 상당히 멋스러운 표지로 꾸몄다.

만송晚松 유당柳戇이었다. 사당이 세워지고 대사성이 읍하고 예를 표하니 반인은 큰 영광으로 여겼다. 대사성이 반인에게 공경하는 예를 차렸으니 그럴 만도 하다. 살아서나 죽어서나 이렇게 융숭한 대접을 받은 수복은 없었다. 이옥은 「문묘의 두 의로운 수복」이란 전기에서 정신국을 두고 "살아 있을 때는 노복이었으나 죽은 뒤에 는 재상보다 훨씬 영예로웠다"[1]고 평했다.

호성사가 세워진 이후 그의 행적을 찬미한 많은 문서와 시문을 수 집하여 1804년에 『정의사호성록鄭義士護聖錄』을 간행하였다.[2] 후손 정동식鄭東軾의 집에 보관된 초고를 저본으로 강명제가 보완하여 편 찬하였고, 당시의 대사성인 김근순金近淳이 편찬에 도움을 주었다.

이 책에는 그와 관련한 많은 고문서와 당대의 저명한 고관과 유생의 시문, 그리고 반인 문사의 시문까지 수십 편에 이르는 글이 모여 있다. 목판으로 상당히 고급스럽게 제작되었다. 여기에 실린 12폭의 그림은 1797년에 왕명으로 제작된 『오륜행실도』의 도판과 견줄 만큼 수준이 높다. 책을 간행하는 실무는 거의 모두 반인의 몫이었다.

하지만 관련한 글을 모두 수록한 것은 아니다. 실리지 않은 글도 여기저기 발견된다. 진명震溟 권헌權攇, 1713~1770의 「정신국 정문록 뒤에 쓰다題鄭信國旌門錄後」와 이가환李家煥, 1742~1801의 「정신국전鄭信國傳」, 이옥의 「문묘의 두 의로운 수복」과 「반촌사정려기」 등이 빠져 있다. 이들 글은 국왕의 표창과 관련이 깊어서 수록할 만하지만 노론이 아니라서 뺀 듯하다. 대단한 명성을 누린 사대부라도 그보다 명예를 누리기 어렵다.

한편, 정신국에게는 형이 있었다. 이름은 정예국鄭禮國이요 호는 우암迂庵이다. 『풍요속선』 권2에는 「표훈사에서」라는 그의 시 한 편이 전한다. 작가 소개에서 "그 동생 정신국이 절의를 세운 것은 그 형이 북돋은 덕분이다"라고 하였다. 그의 현손이 바로 반촌의 저명한 교육자 정학수鄭學洙이다. 반촌에는 성균관 수복을 대대로 역임한 대여섯 개의 명문가가 있었지만 그중 순흥順興 정씨가 첫손가락으로 꼽히는데 그 명망은 정예국과 정신국 형제로부터 비롯되었다.

18장

반촌 제일의 훈장
안광수와 정학수

반촌의 명가, 순흥 안씨

반촌의 명가로 순흥 정씨를 첫손가락으로 꼽지만 여기에 뒤지지 않는 명가가 순흥 안씨였다. 『반림영화』에 가장 많은 다섯 명의 시인이 수록된 성씨가 순흥 안씨라는 게 이 집안이 반촌의 명가임을 말해준다. 그 가운데 명성이 높았던 인물이 안광수安光洙, 1710~1765이다. 서명응은 「안광수전」을 지어 그의 삶과 행적을 상세히 기록하였고, 『이향견문록』 등에 이 글이 재수록되면서 그는 여항의 상징적 인물로 떠올랐다.

안광수는 자가 성로聖魯, 호가 죽헌竹軒이다. 아버지는 절충장군折衝將軍 안도정安道挺으로 선대부터 반촌에 흘러들어 살았다. 아버지가 무관 직함을 가지기는 했으나 실제 그 직책을 맡았는지, 또 순수한 반촌 토박이인지는 의문이다. 다만 반촌의 유력한 집안인 순흥 안씌였다는 점에서 토박이와 차이가 없다.

안광수는 교육자였다. 반인은 현방의 경영자나 반주인으로 생계를 유지하여 본디 이윤을 추구하는 상인의 성격이 강했다. 우악스럽게 완력을 쓰거나 악착같이 이익을 추구하는 이들이 큰 세력을 형성했다. 하지만 안광수는 문묘를 수호하고 유생과 어울리며 유교의 예법과 교화를 추구하는 것을 반촌이 가져야 할 본연의 풍속이라 생각하였다. 그는 "성균관은 수선首善의 땅이거늘 풍속이 이래서야 되겠는가?" 하고 반인 자제를 교육하고자 애썼다. 반촌의 문화는 반인 자제를 교육함으로써 바꿀 수 있다고 생각하였다. 그래서 반촌에 제업당齊業堂이란 서당을 열어 학생을 교육하였고, 학생의 숫자가 얼추 천 명에 이르렀다.

학생 중에서 총명한 젊은이 70여 명을 따로 모아 관동계冠童契를 만들었다. '제업문회齊業文會'라고도 한 이 계모임은 함께 학업을 연마하되 거기에 머물지 않고 예술을 익히고 시를 창작하는 소그룹이었다. 경전을 비롯하여 다양한 서책부터 익히게 하고, 관혼상제를 중심으로 일상의 예절을 교육하였다. 딱딱한 공부만으로는 성정을 순화하지 못한다고 생각하여 "학업은 여유로움을 귀하게 여긴다. 그렇지 않으면 기상이 억눌리고 좀스러워 바람 쐬고 시 읊고서 돌아오는 여유로운 취향과는 거리가 멀어진다"1 하고 시를 가르쳤다. 좋은 철이 되면 경치가 아름다운 장소를 찾아서 학생들과 함께 술을 마시며 시를 짓게 하였다. 그렇게 수백 편이 넘는 시가 지어졌는데 아련하고 원대한 이상을 바라는 뜻이 담겨 있었다.

그를 따라 배운 반촌의 젊은이가 많았다. 나중에 그의 제자들은

4부. 반인의 흥망성쇠

성균관에서 서리나 전복으로 일하며 맡은 일을 잘 수행하였다. 『정의사호성록』에는 1764년에 관동계 학동과 함께 대학당戴學堂 정신국과 박참미의 정려문 앞에서 제사를 올린 사연이 기재되어 있다. 병석에 누워 있던 안광수가 「반중제업당치제문泮中齊業堂致祭文」을 직접 지어 학생에게 읽게 하였다. 그가 반촌의 큰어른이었음을 보여주는 증거이다.

그가 죽자 반인이 모두 애통해하며 함께 초상을 치렀고, 기일과 생일, 명절에는 제사를 함께 지냈다. 젊은 반인을 잘 가르친 훌륭한 스승으로 존경을 받았다. 그는 교육을 통해 우악스럽고 이익만 추구하는 반촌이 아니라 학문을 알고 예의를 지키며, 문학과 예술을 즐길 줄 아는 유교적 교양과 문화가 살아 숨쉬는 반촌을 만들고 싶어했다.

그의 교육은 반인에게 큰 영향을 미쳤다. 그에게는 안광렴安光濂이란 동생이 있었는데 호를 죽당竹堂이라 했다. 그 역시 형의 학업을 이어받아 시를 잘 지어 그 형에 그 동생이라는 평을 들었다. 『풍요속선』에는 안광렴의 시가 수록되어 있다. 안광수 문하에서 시인이 많이 배출된 것은 시의 정서적 효과를 중시한 그의 교육 철학과 관련이 있다. 『반림영화』에 수록된 많은 반촌 시인은 시 창작으로 정서를 순화하려 한 그의 가르침에 감화된 결과라고 볼 수 있다. 그는 반촌을 문화가 살아 있는 마을로 업그레이드한 인물로 기억되었다.

한양의 스타 강사, 정학수

안광수의 제자 가운데 가장 유명한 인물이 정학수다. 그는 18세기 반촌에서 큰 명성을 누린 교육자였다.[2] 그는 오래도록 수복을 지냈다. 1777년 8월 19일에 정조의 등극을 반대한 역적을 토벌하라는 상소를 성균관 전복 백여 명과 함께 올렸고, 그로부터 24년이 흐른 순조 원년1801 1월 21일에 수복의 자리에서 물러났다는 기록이 『승정원일기』에 나온다.

그는 앞에서 살펴본 정신국의 셋째 형 정예국의 손자였다. 의인 정신국과 정예국의 후손이니 반촌 명가 출신이다. 게다가 안광수의 수제자였다. 그가 사망했을 때 제자인 김종채金宗采는 네 편의 만시를 지어 애도했는데 세번째 시는 다음과 같다.

<table>
<tr><td>동쪽 서쪽 거리에서 샘 솟듯 울음 울며</td><td>東西巷陌淚如泉</td></tr>
<tr><td>마을 현인 잃었다며 모두가 곡을 하네.</td><td>盡哭吾鄉失舊賢</td></tr>
<tr><td>우암 선생 이래로 옛 학업을 빛내었고</td><td>迂叟以來光古業</td></tr>
<tr><td>죽헌 선생 문하로서 남긴 학문 전수했네.</td><td>竹師之後得遺傳</td></tr>
<tr><td>초가집에서 쓸쓸히 노년을 보내실 때</td><td>蕭條送老三間屋</td></tr>
<tr><td>비좁은 방 안에서 적막하게 글 배웠네.</td><td>冷落摳衣一丈筵</td></tr>
<tr><td>빈산을 지키는 건 지난밤의 달빛뿐</td><td>惟有空山前夜月</td></tr>
<tr><td>뜨락 가득 의구하게 찬 안개에 덮여 있네.</td><td>滿庭依舊帶寒烟</td></tr>
</table>

현인을 잃은 반촌 사람 모두의 슬픔을 표현하였다. 3구와 4구에서는 그가 우암迂庵 정예국의 현손이고, 죽헌竹軒 안광수의 문인이란

사실을 꼭 짚어 말했다.[3] 반촌 명가 출신으로 반촌 학맥의 정통을
계승한 교육자임을 내세웠다. 그는 수복이란 직책보다 현인이자 스
승으로 크게 인정받았다. 스승인 안광수의 뒤를 이어 큰 서당방을
열어 반인을 교육하였다. 청출어람이라 스승보다 교육자로서 더 큰
능력을 발휘했다.

반촌에서 그가 자리를 잡은 곳은 다름 아닌 송동이었다. 조수삼趙
秀三, 1762~1849은 『추재기이秋齋紀異』에서 이렇게 말했다.

성균관 동쪽은 바로 송동이다. 이 동네에는 꽃과 나무가 매우 많은데 그
가운데 강당이 드높게 서 있다. 바로 정선생이 제자를 가르치는 곳이
다. 아침저녁으로 경쇠를 울려서 공부하는 학생을 불러모으고 흩어지
게 했다.[4]

그가 세운 강당은 규모가 상당히 컸다. 많은 학생이 몰려들어 아
예 경쇠를 울려서 수업의 시작과 끝을 알렸다. 강당은 명륜1가 올림
픽기념국민생활관 서쪽에 있었다. '증주벽립'이란 우암 송시열의
친필 글씨가 새겨진 석벽 아래다. 그 아래에 서당을 열었기에 정학
수는 자신의 호를 벽하壁下라고 하였다.

윤기 역시 성균관에서 공부할 때 다음과 같이 말했다.

반수의 동북쪽에는 이른바 송동이란 곳이 있다. 조용하고도 경치가 빼
어나다. 흰 바위가 깎아지른 듯이 솟아 있고 여기에 '증주벽립'이란 네
글자 큰 글씨가 새겨져 있다. 반촌 사람 정조윤鄭祚胤이 그 아래에 집을

증주벽립 각자, 사진. 우암 송시열이 써서 바위에 새겨넣은 글씨이다. 증자 주자가 그랬듯 절벽처럼 우뚝 서 있겠다는 말로 어떤 고난에도 흔들리지 않겠다는 다짐을 표현한다. 굳센 의지를 표현한 경구로 제주 오현단에도 이 글씨를 탁본하여 새겨놓았다. 각자가 새겨진 바위 주변은 풍광이 아름답던 곳이었으나 지금은 모두 빌라촌으로 바뀌었다.

짓고 또 서당을 만들어서 학생을 가르쳤다. 소문을 들은 사람들이 앞다투어 가서 노닐었다.[5]

정조윤은 곧 정학수이다.[6] 이름을 왜 달리 썼는지는 모르겠으나 동일한 인물을 달리 표현한 것으로 보인다. 이 글은 정조 초엽에 지어졌으니 정학수는 이때부터 수복으로 일하면서 동시에 서당을 열어 학생을 가르쳤음을 알 수 있다. 유명한 시인 신광하申光河, 1729~1796도 성균관에 재학할 때 서당을 여러 번 찾아가 그와 어울렸다. 1775년 봄에는 다음 시를 지어 정학수에게 주었다.

4부. 반인의 흥망성쇠

잔설 남은 솔숲 사이로 오솔길 나뉘고	氷雪松間細徑分
서재에서 책 읽는 소리 멀리서도 크게 들리네.	書齋絃誦遠多聞
주인은 서둘러 뛰어나와 물가로 내려오고	主人倒屣臨靑澗
제자들은 문을 열고 흰구름을 쓸고 있네.	弟子開門掃白雲
이제부터 송동을 정곡鄭谷이라 불러야지	宋洞不妨呼鄭谷
곽태郭泰라야 모군茅君 같은 신선을 만나지.	林宗方識有茅君
산집이라 봄빛이 먼저 찾아들지 않으련만	未應春色山家早
복사꽃 살구꽃 천 그루는 벌써 피려 하네.	桃杏千株已向欣

옛날에는 송시열이 살았기에 송동이라 불렸으나 이제는 정학수가 서당을 지었으므로 정곡이라 불러야 한다고 했다. 동네의 상징이 송시열에서 정학수로 바뀌었다는 말이다. 노론의 거두 송시열과 반인 정학수를 나란히 썼고 게다가 송시열을 몰아내고 정학수가 등장했다고 해석할 수도 있는 말이다. 발칙하기 짝이 없는 내용이라 성균관에서 이 시를 두고 파장이 크게 일어났다.

신광하는 학문에도 뛰어나고 서재를 열어 강학하는 정학수를 높이 평가하여 저와 같이 썼다. 하지만 노론 유생은 분노하였다. 서재西齋의 노론 유생 이훈李壎이 송시열을 욕보였다며 신광하를 성균관에서 쫓아냈고 과거시험에도 응시하지 못하도록 막았다. 당시 노론은 서재에, 소론과 남인은 동재에 기숙했는데 노론이 성균관을 쥐고 흔드는 세력임을 느낄 수 있다. 남인 신광하는 시 한 구절 탓에 퇴학당하고 말았다.

성균관에서 쫓겨난 신광하가 충청도 한산 고향으로 돌아가려고 한강 나루터로 나갔다. 마침 뱃사공을 송가宋哥라고 부르는 소리가 들렸다. 그가 뱃사공에게 "네 성이 무엇이냐?" 물으니 뱃사공이 "송가입니다" 대답하였다. 그가 대뜸 꾸짖었다.

"내가 송이라는 글자 하나를 잘못 써서 성균관에서 쫓겨났거늘, 네놈이 감히 우암의 성을 쓴단 말이냐?"

그 자리에 함께 있던 노론 출신 진사는 몹시 곤욕스러워했다. 신광하는 뱃사공을 꾸짖어 분을 풀었다. 이 재미있는 일화는 노론 선비 심노숭의 『자저실기』에 나온다.[7] 이 일이 일어났을 때 신광하의 형 신광수申光洙는 고향에 있는 아들에게 장문의 편지를 보내 걱정을 늘어놓았다. 성균관에서 시를 많이 짓지 말라고 그렇게 경계했건만 결국에는 시안詩案의 함정에 빠졌다고 탄식하였다.[8]

이 사건 탓인지 신광하의 문집에는 이 시가 엉뚱하게 1778년 자리에 실려 있다. 반면에 사건 2년 뒤인 1777년 봄 쪽에는 또 송동에 놀러가서 지은 시를 수록하였다. 그 시 첫 구절은 "유건 쓰고 천천히 송씨 동네 걷다보니, 솔밭 사이에서 우연히 정가의 정자 만났네巾帕徐行宋氏洞, 松間偶得鄭家亭"이다.[9] 시가 절묘하다. 2년 전에 쓴 시를 염두에 두고 쓰되 누구도 딴지를 걸지 못하도록 썼다. 씨는 높이는 표현이고 가는 낮추는 표현임을 이용하여 성씨를 불렀고, 송씨 동네를 거쳐가지만 목적지는 정가의 정자라 하였다. 송동이라 해주겠으나 그래도 정학수의 서당이 있는 곳이라는 말은 꼭 해야겠다는 오기가 보인다.

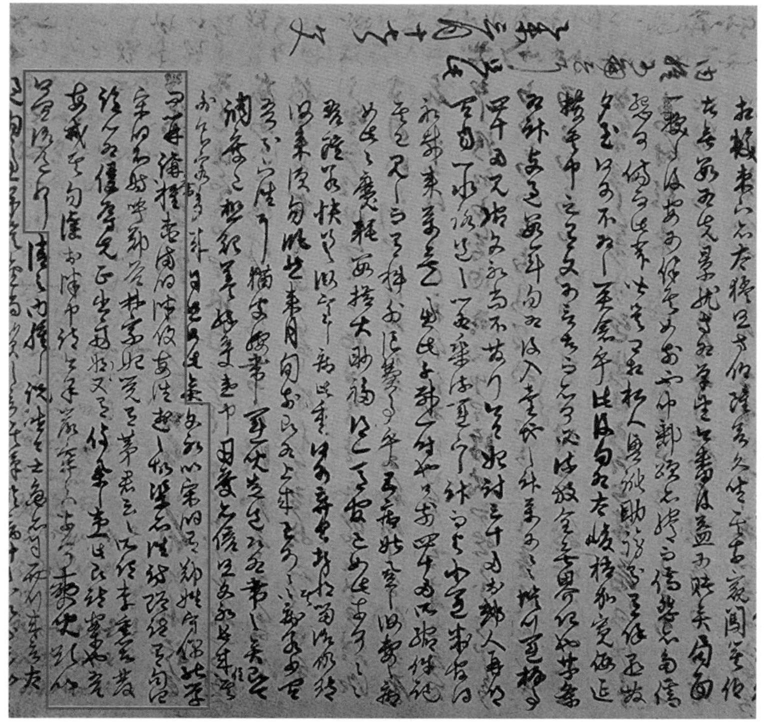

신광수가 1775년 3월 17일에 아들에게 보낸 간찰의 일부, 후손가 소장. 수복 정학수가 학문에 능하여 강학 서당을 열었음을 높이 평가해 신광하가 시를 써주었다가 시안의 함정에 빠졌음을 개탄하였다. 매우 긴 편지의 붉은 선 안에 있는 대목에서 신광하의 사건을 말하고 있다.

송시열과 견준 정학수의 위상

정학수의 이름은 당대 저명 학자들과 국왕의 귀에까지 들어갈 만큼 알려졌다. 정조가 심환지에게 보낸 1797년 4월 6일자 어찰에서 "지난 편지에서 선정先正, 송시열에게 제사를 올리는 장소를 용호영龍虎營으로 정하겠다고 했는데, 천부당만부당하다. 이른바 송동은 반인 정가鄭哥의 서재이다"[10]라고 말했다. 여기서 반인 정가가 정학수임은 말할 나위도 없다. 송동이 정학수의 서당이므로 거기에 가서 송시열의 제사를 지내는 것은 아무 의미가 없다는 취지로 한 말이다. 정조는 신광하의 편을 들어준 듯하다. 이처럼 정학수와 그가 세운 서당은 당대에 명성이 자자하였다.

그는 안광수를 이어 한 시대를 대표한 교육자였다. 그가 운영한 서당은 당시 한양에서 규모가 가장 컸다. 사망하기 1년 전에 제자들은 그의 강학하는 모습을 그려 병풍을 만들고 강당에 보관해두려고 계획을 짰다. 하지만 이를 실행하기에 앞서 스승이 세상을 떠나자 제자들은 아쉬워하였다.[11] 김종채는 스승의 빈자리를 다음과 같이 묘사하였다.

몇 해나 열성으로 가르치셨던가?	幾年勤誘掖
아둔한 나조차도 잘 알아들었지.	蒙陋亦知聞
비 지나가 산과 내는 깨끗해졌고	雨過山川淨
봄이 깊어 풀과 나무 부쩍 자랐네.	春深草木欣
호탕하게 우임금 동굴을 막 찾아 놀고	宕遊方禹穴
멀리 떠나 저승의 학사 벌써 되셨네.	退擧已修文
통곡 속에 빈 서당에는 날이 저물고	慟哭虛堂暮
쓸쓸하게 지는 석양에 바람이 이네.	凄風起落曛

한양 사람은 반촌과 반인을 따돌렸고 천시하였다. 소를 잡는 현방 사람이라 멸시하였고, 이익만 따지는 상인이라 무시하였으며, 유생의 뒷바라지나 하는 노비라 천시하였다. 반인은 자신들을 백안시

하는 시선을 극복하고자 노력하였다. 두 명의 반인 교육자와 그를 존경하고 따르는 반인 학도는 끈끈하게 단합하여 교양을 쌓아갔다. 비가 지나간 뒤 산천이 싱그러워지듯이 그의 출현으로 반촌은 깨끗해졌다. 봄이 깊어지면 초목이 우거지듯이 그의 가르침이 깊어지자 학도들은 크게 성장하였다. 반촌 제자가 그를 추모하는 감정은 사대부의 그것보다 오히려 더했다.

19장.

근대 이후 성균관과 반촌의 변신

개항 후 성균관의 변화

성균관은 조선 말기까지 유일한 최고 교육기관으로서의 위상을 유지하였다. 개항 이전인 1869년에 조정에서는 태학별단太學別單 10개 조를 만들어 성균관 교육을 강화하고자 했다. 의정부에서 국왕에게 보고한 성균관 제도 개선안이다. 전통 교육체제를 유지하면서도 각 지방의 인재를 고루 선발하여 성균관에 입학시키는 변화를 보였다. 소극적이기는 하나 개선하려는 의지를 드러냈다.

그러나 개항과 함께 제국주의의 침략을 겪으면서 성균관의 위상은 급격하게 추락 과정을 밟았다. 전통적 유학 교육만으로는 제국주의 침탈을 막기 어려워지자 조선 정부는 서양식 교육제도와 인재 선발 방식을 과감하게 도입하였다. 성균관과 각급 학교를 개편하는 등 교육제도 전반을 개혁하는 학정쇄신學政刷新이 뒤따랐다.

개항 이후에는 모든 것이 급변하였다. 임오군란을 겪은 뒤 정부는 성균관과 향교를 개편하여 더이상 학교에서 유학이 독점적인 입지를 갖지 못했다. 고종은 1882년에 향학조례鄕學條例를 반포하여 지역과 신분의 차별을 철폐하여 인재 양성과 관직 임용을 하겠다고 선언하고 산수, 기계, 과학과 같은 신학문을 교육하겠다며 새로운 교육제도를 천명하였다. 이에 따라 원산학사元山學舍와 육영공원育英公院이 설립되어 경학과 함께 시무時務를 교육하였다.

성균관의 체제는 큰 변화에 직면하였다. 1887년 조정에서는 성균관에 경학원經學院을 설치하여 유학 교육 개편을 추진하였다. 갑오경장을 전후하여 1895년 7월 2일에 「성균관관제」(칙령 제136)를 반포하여 성균관 경학과를 설치하였고, 이어서 그 규칙(학부령 제2호)을 제정하여 운영 방식을 바꿨다. 정부는 서양의 학제를 도입하여 대학교와 전문학교를 설립할 계획을 세웠다. 성균관을 대학교로 개편하려는 계획안이 나왔으나 실행되지 못했고, 논의만 거듭하였다. 전통적 교과목에 시무, 경제 같은 과목을 추가하는 개편도 시도되었으나 제대로 시행되지 못했다. 교육과 인재 선발이 급격히 변하자 전통 교육에 익숙한 대다수 유학자들은 반발했다.

이후 성균관 관제는 전통 교육과 신학문의 융합을 꾀하는 방향으로 거듭 개정되었다. 대한제국에서는 1907년 9월 28일 관제를 변경하여 성균관사업시선成均館司業試選 제도를 만들어 전국의 유생을 경의문대經義問對로 선발하고, 교육과정에 경학과 함께 물리, 화학, 경제학, 법학을 포함하였다. 이전의 성균관 박사博士는 대학교 설립 이후 박사학위 제도와 충돌할 것을 고려하여 성균관 사업司業으로 명

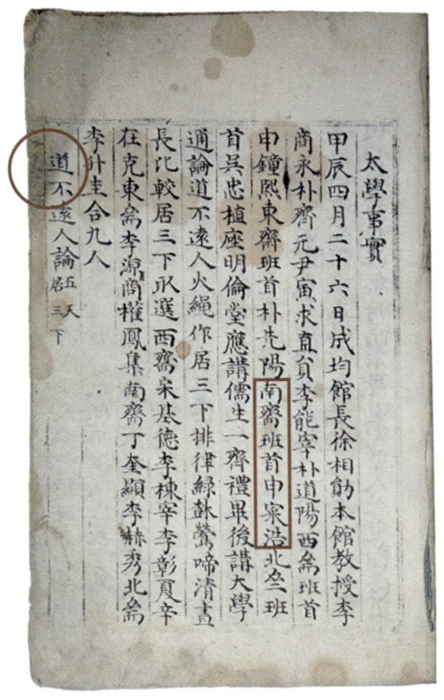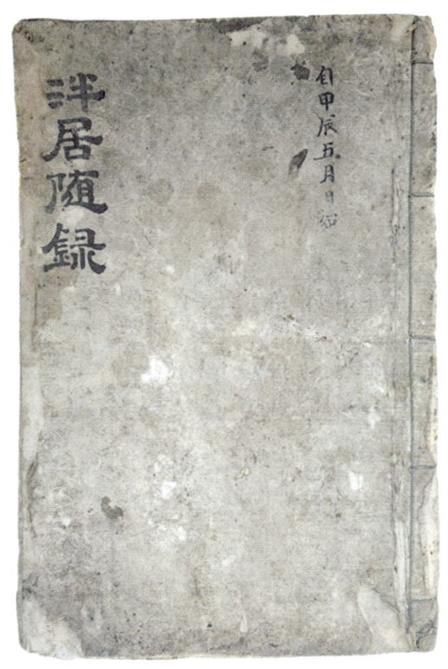

『반거수록泮居隨錄』, 필사본, 저자 소장. 성명 미상의 성균관 경학과(經學科) 학생으로 박사가 된 인물이 1904년과 1905년에 재학하면서 치른 시험 답안과 성적 및 학우와 수창한 시문을 기록한 사료이다. 판심 상단에 "태학"이라 인쇄한 성균관 전용 공책에 필사하였다. 규모가 대폭 축소된 교원과 삼십 명의 학생으로 운영된 성균관 경학과의 실태를 입증하는 자료다. 남재(南齋) 반수는 훗날 독립운동가이자 학자로 유명한 신채호(申采浩)이고, 훗날 언론인으로 유명한 북재(北齋)의 이승규(李升圭)와 이종린(李鍾麟)이 동료 학우였다.

칭을 변경하였다. 이 개선책을 도입하여 급격히 약화되는 성균관을 유지하려 애썼다.[1]

갑오경장을 전후하여 성균관은 신성불가침의 유일한 고등교육 기관이라는 위상이 무너졌다. 과거의 위상을 고려하여 형식적으로 우대하기는 했으나 유일한 고등교육기관으로서의 지위를 잃고 유학을 전문적으로 배우는 경학원으로 격하되었다. 예컨대, 법관을 양성하는 관립 법학교, 외국어 교사를 양성하는 관립 한성사범학교

4부. 반인의 흥망성쇠

등과 지위가 대등하거나 오히려 낮아졌다. 3년, 4년의 재학 기간도 비슷하였다. 게다가 성균관은 학생 정원이 서른 명 안팎인데 법학교는 154명, 한성사범학교는 302명이었다. 학생 정원부터 다른 학교에 견주어 매우 적다. 유학 경전을 배우고 전인교육을 받고서 국가의 고위 관료로 진출하던 길도 사실상 막혀버렸다. 과거제가 폐지되고 경학원이 설립되면서 성균관은 경학과 한문을 학습하는 특수학교로 변질되었다.

그렇게 근근이 명맥을 유지하던 성균관은 대한제국이 소멸하면서 정예의 인재를 양성하는 최상위 교육기관으로서의 지위를 완전히 상실하였다. 경학원이란 이름을 물려받은 성균관은 조선총독부 산하에서 공자를 제사하는 형식적인 기관으로 남아 전국 유림을 통제하는 보수적 어용단체에 머물렀다. 나중에는 명륜전문학교나 명륜학원 등 인재를 양성하는 교육기관이나 사회교육기관으로 변신을 꾀하기도 했지만 제한된 범위에서 짧게 운영되었을 뿐이다.

조선의 유일한 대학으로서 성균관이 맡던 역할은 연희전문과 보성전문, 혜화전문 등의 전문학교와 경성제국대학이 이어갔다. 해방 이후에는 성균관대학교가 설립되어 과거의 성균관을 본격적으로 계승하고자 했다. 1920년 독립운동가들이 '조선민립대학설립운동'을 전개하여 종합대학의 설립을 추진하자, 일제가 이를 봉쇄할 목적으로 동숭동에 경성제국대학을 설립하였다. 그러나 교수와 학생 중 절대다수가 일본인이라 본격적인 조선의 대학으로 간주하기에는 한계가 있었다. 흥미롭게도 경성제대는 반촌의 옆 동네인 동숭동에 자리를 잡아 조선시대의 대학가와 20세기의 대학가가 바짝 붙

어버렸다. 경성제대와 성균관대학교는 성대城大와 성대成大라는 약
칭으로 불려 20세기에는 명칭의 혼동이 발생하기도 했다.

반인들이 이어간 교육 특구의 전통

성균관은 옛 위상을 잃었으나 반촌에는 다양한 교육기관이 많이
설립되어 조선시대 교육특구인 숭교방의 전통을 이어갔다. 흥덕사
옛터로 정학수의 서당과 북묘가 있던 자리 일대에는 보성학교와 불
교중앙학림이 설립되었다가 나중에 보성고등학교와 동국대학교로
발전하였다. 그 동쪽 언덕에는 경신학교가 있었다. 또 사현사 부지
에는 경성고등상업학교가 세워졌다가 차례로 서울여자의과대학, 우
석대학교, 고려대학교 의과대학병원으로 주인이 바뀌었고, 나중에
는 아남아파트로 손바꿈하였다. 반촌 외곽에 위치한 명문가의 세거
지였던 잣골 언덕에는 독일 신부가 땅을 매입하여 독일 성당과 신학
교, 동성상업학교가 들어섰다. 반촌 남쪽의 연건동과 동숭동, 이화동
에 자리한 경성제대와 공업전습소를 비롯한 교육기관은 굳이 언급
하지 않는다. 반촌과 그 주변에는 대학과 교육기관이 면면히 생명을
이어갔다. 현재도 많은 교육 관련 기관이 이곳에 남아 있다.

반촌에서 반인들은 합심하여 초등교육기관의 설립을 추진해 두
군데 학교를 설립하였다. 먼저 사립 숭교의숙崇敎義塾을 창립하였다.
위치는 사현사 부지인 명륜2가 아남아파트 자리이다. 36쪽 도판에
나오는 숭교학교가 바로 숭교의숙이다. 숭교의숙은 1908년에 설립
을 발의하여 1910년 2월 28일에 개교식을 열고 설립되었다.

1908년 9월 25일에 간행된 『대동학회월보』 제8호에는 전계은인

　　　　　　　　　　　　　　　　　　　　　4부. 반인의 흥망성쇠

명륜학원 제2회 졸업사진, 1933년 3월 24일의 졸업식에 총독 대신 학무국장과 경기도지사 등이 참석하였고, 비천당으로 자리를 옮겨 단체 사진을 찍었다. 제1열 중앙에서 왼쪽 두번째 한복을 입은 인물이 경학원 대제학 겸 명륜학원 총재 정만조(鄭萬朝)이다. 그의 오른쪽 다섯번째 앉아 있는 인물이 경성제대 교수이자 명륜학원 강사로서 추사 연구가인 후지스카 지카시(藤塚鄰)이고, 오른쪽 맨 끝에 앉아 있는 인물이 경성제대 조선어학과 출신으로 명륜학원 강사인 김태준이다. 왼쪽 끝에 앉아 있는 한복을 입은 인물이 경학원 사성 및 명륜학원 전임강사 안인식(安寅植)이다. 안인식의 뒤쪽에 서 있는 세 명의 한복 입은 인물은 당시에 경학원과 명륜학원 직원으로 있었던 정철영, 박시양, 박초양인 듯하다. 이들은 반인이거나 그 후예로 추정돼 흥미롭다. 사진 제공 이용범 교수.

塵界隱人이 지은 「숭교의숙신창론崇教義塾新創論」이란 기사가 실려 있다. 숭교의숙의 설립을 제언하는 글이다. 전계은인이 누구인지 실명은 알 수 없으나 전계塵界가 바로 반계泮界와 맞붙은 지역이므로 반촌 출신일 가능성이 있다. 국가에서는 성균관을 국립대학교로 개편해 설립해야 하고, 지역에서는 사립 숭교의숙을 설립해야 한다고 주장하며 그 근거를 다음과 같이 밝혔다.

우리 숭교방의 반수가 흐르는 반촌은 대성전에 가깝다. 동네 사람이 집집마다 문행文杏의 그늘 아래 살고 대대로 만궁彎弓의 샘물을 길어 먹으며 이제 500여 년이 되었다. (중략) 논자가 이제 개명하려 하면 마땅히 성균관으로 대학교를 만들어야 한다고 한다. 대학교라 하는 것은 전문적이고 높은 등급의 학교이므로 이는 국가에서 만들어야 한다. 무릇 우리 국민의 책임은 숭교방 안 위아래 이웃에 사는 각 집의 청년 자제를 모아서 중등의 소학교를 설립하는 데 있다. 사립이므로 의숙이라 하고 의로운 마음으로 재물을 모아 옛 학문인 한문과 지리, 역사와 새 학문의 여러 책을 사 모아 교과를 갖추고 영재를 교육한다. 숭교 두 글자로 의숙의 이름을 짓고 이름을 돌아보고 그 뜻을 생각하며 날마다 새로워지고 또 날마다 새로워진다. 그러면 백성은 재능과 지혜를 얻고 나라는 부강해지는 일이 실로 여기에 기반을 두어 숭교방이란 옛 이름에 부끄럽지 않을 것이다. 이로써 숭교의숙이 사방에 모범이 될 수 있을 것이다.[2]

구학문과 신학문의 조화, 국립과 사립의 분리, 국민의 재능과 국가의 부강 같은 새로운 교육 개선책을 설득력 있게 펼친다. 한양의 교육특구인 숭교방의 의미를 살려서 숭교방에 대학교와 의숙을 설치하자고 주장하였다. 특히 성균관을 국립대학교로 전환하고, 민간에서는 사립 의숙을 설립하자는 주장은 갑오개혁부터 시도되던 성균관의 국립대학 안건이 당시에도 여전히 호응을 얻고 있음을 보여준다.

숭교의숙의 설립

숭교의숙의 설립은 명사들이 제안하여 시작되었다. 김윤식金允植에 따르면, 숭교의숙은 반인들이 자제를 교육하기 위해 만든 학교로 1908년융희 2 10월 22일에 개교식을 개최하였다. 장박張博을 회장 겸 관장으로 삼고, 김유제金有濟와 김윤식, 유길준 등이 참여하였다.[3] 여기서 유길준과 김윤식 등은 창립을 권유한 이들이고, 숭교의숙을 창립한 주체는 반인이었다. 현방 주인으로 구성된 균흥조합소均興組合所 회원 팔십여 명이 숭교의숙의 재정과 운영을 책임졌다. 그 설립과 운영은 반인인 홍태윤과 김태훈이 도맡았다. 그중 김태훈金泰勳, 1870~?은 명륜동에 거주한 현방 경영자로 문과 초시에도 합격하였고, 실업회사 동창東昌을 경영하기도 했다. 반촌 출신으로 높은 지위에 올랐고, 부도 축적했던 홍태윤과 김태훈은 반인 사회에서 구심점이 되었다.

이런 과정을 거쳐 1910년 2월 28일에 개교식을 연 숭교의숙이 제대로 운영되었는지는 의문이다. 의숙을 설립한 직후 두 사람이 같은 자리에 숭정학교崇正學校를 세웠으니 숭교의숙을 해산하고 새로이 숭정학교를 설립한 듯하다.

숭교의숙과 숭정학교는 반촌 사람에게 재정 후원을 받아 반인 자제를 교육하기 위해 세워졌다. 두 학교는 교육을 통해 새로운 시대를 열어가려는 반촌 주민의 소망을 담은 교육기관이었다. 『매일신보』1914년 3월 14일자와 『조선일보』1923년 5월 8일자에는 사립 숭정학교가 반인 후예인 우육상牛肉商의 기부를 통해 경성 안에서도 왕성하게 초등교육을 이어간다는 기사를 내보내고 있다.[4]

　그러나 1920년대 이후 반촌에 새로운 주택단지가 들어서 주민 구성이 달라지면서 반인의 의식과 자긍심을 가진 주민이 급격하게 줄어들었다. 숭정학교는 운영난에 더해 총독부의 방해공작까지 겪다가 1926년 9월 경성부에 매도되고 1927년도에 경성부 18개 공립 보통학교의 하나인 혜화공립보통학교로 재탄생하였다. 숭정학교가 사립에서 공립으로, 명칭도 숭이崇二로, 혜화惠化로 바뀌면서 반인의 학교라는 정체성을 잃어갔다. 반촌의 완전한 소멸을 알리는 소식이었다.

20장

마지막 불꽃 홍태윤과 박승환

반촌의 해체

조선 말기에 진행된 성균관의 위상 약화는 반촌과 반인에게 일찍이 경험하지 못한 충격이었다. 반촌의 정체성과 반인의 역할은 급격하게 무너져내려 식민지 체제를 겪으며 완전히 사라졌다. 성균관과 반촌, 성균관과 반인 사이의 긴밀한 관계는 필수적인 일부 기능만 남기고 없어졌다.

20세기 이후 반촌은 한양의 특수구역으로서 가졌던 여러 특징을 잃고 다른 지역에 동화되었다. 1920년대 이후 동소문로와 율곡로의 개통, 학교와 병원 같은 교육 문화시설의 확대, 명륜동과 혜화동의 신흥 주거지화 등 큰 변화를 겪으며 번화한 도시 지역으로 편입되었다. 도심에서 벗어나 조금 외지다는 평판도 옛일이 되었다. 500년 동안 반인이 독점하던 반촌은 이주와 유입을 거치며 게토ghetto다운 지역성을 빠르게 상실했다. 반촌 전체가 도시화와 젠트리피케이션gentrification 현상을 겪으며 더는 옛 모습을 찾을 수 없게 되었다.

큰 변화가 막 시작되던 20세기 초만 해도 반촌 주민이 일시에 직업을 바꾸거나 한꺼번에 이주하지는 않았다. 개화기 이후 식민지 초기 시절에는 과거의 모습을 상당 부분 유지하였다. 반촌 주민은 이 무렵에도 여전히 현방을 경영하여 쇠고기를 판매하거나 하숙생을 받아들이는 반주인으로 살았다.

반촌과 반인의 변화는 당시 사람의 눈에도 흥미로웠다. 다음은 1916년 3월 19일 『매일신보』에 실린 기사다. 극작가이자 소설가인 일재생一齋生 조중환趙重桓, 1863~1944이 썼다.

반인이라 함은 속설에 소를 도살하는 생업을 영위하는 자를 칭하는 일종의 대명사이다. 그러나 이 명칭이 언제부터 시작되었는지는 자세히 살피기 어렵다. 그러나 동소문 안쪽 부근 일대의 주민은 오늘날까지도 소를 도살하는 영업을 하는 자가 많으므로 옛날에는 그 수가 곱절이나 많았음은 정해진 이치이다. 그러나 이 영업을 하는 자를 남들이 천하게 여겨 서로 교제하고 혼인하지 아니하므로, 이 부락의 주민은 세인의 압박과 수치, 교제와 혼인의 불허와 같은 모욕을 당한다. 그런 까닭에 자연스레 분개하는 마음이 일어나고 분개하는 마음이 일어나는 때에 이곳 주민 일동은 일체 단결하여, 남을 위하여 의로움을 세우는 데에는 생사를 돌아보지 않는 기개가 있었다. 옛날에는 다른 동네에서 이 동네에 들어오지 못했고, 이 동네 사람으로 다른 동네로 이주하는 일도 없어서 하나의 별천지를 형성하였다. 문명한 오늘에 이르러서는 옛날처럼 이 종족을 그다지 구별하는 자가 없으나 예전의 이른바 반인이라 관인이라 일컬어 천대하였음은 명확한 사실이었다.[1]

별천지였던 반촌의 과거와 현재를 교차하여 설명한다. 반촌이 해체되는 무렵이라 소 도축업자만을 드러내고 있는데, 성균관 전복이나 반주인의 역할을 잃은 실상을 반영한다. 천시당함을 극복하고 의협심으로 똘똘 뭉친 반인의 특징에 주목하였다. 그보다 1년 전 기사에서는 반촌의 현황을 다음과 같이 전하고 있다.

지금까지 칠반천인七般賤人이라 하여 극히 천대하며 극히 천대를 받던 관촌館村 즉 현금의 숭인동崇仁洞은 현금 호수가 300호 내외에 지나지 못하나 그중에는 10만 원 이상의 재산을 가진 자가 3인이요, 5만 원 이상의 재산을 가진 자가 10인 이상이 있다. 또 구차한 자로 말하면 대단히 구차하나 관 안 거지가 관 밖에 나오는 일은 없으니 이는 다른 부락과 같지 않은 점이라. 관 안에서는 이와 같이 구차한 자에게 몇 푼씩 주는 것을 으레 할일로 알고 또 구차한 자도 이를 일수라 하여 정말 일수쟁이 모양으로 걷으러 다닌다더라.[2]

이 기사에서 숭인동은 숭이동의 잘못으로 보인다. 300호 내외의 반촌에 부자가 많이 살고, 가난한 이들도 마을에서 함께 살도록 보호하는 풍속에 주목하였다. 반촌 사람들끼리 단합하는 오랜 전통이 여전히 유지되고 있음을 보여준다.

여기서 반인이 의협심으로 똘똘 뭉쳤다는 말을 주목할 필요가 있

다. 본래부터 반인들은 의협심이 강하고 자기네끼리 결속력과 유대
감이 강했다. 선조宣祖가 별종이라 평했듯이 독특한 정체성을 유지
하였다. 한편으로는 국가로부터 끊임없이 수탈당하면서도 한편으
로는 국가로부터 보호받는 존재였다. 자의식이 강하여 국가적인 위
기상황에서는 반인이 단합하여 힘을 보태는 기개를 보였다. 성균관
은 그 위상이 급격하게 무너졌으나 오히려 반인은 부를 축적하여
군인과 지방관으로 진출하는 등 신분과 지위를 격상시켜갔다.

반인의 변신

근대 들어 반인은 국가의 위기를 극복하는 데 적극 동참하여 의협
심을 발휘하는 동시에 자신들의 지위를 향상시켰다. 영조와 정조 시
대에는 국상을 치를 때 집단으로 여轝를 메는 데 참여하였고, 고종
시대에는 군인으로 대거 진출했다. 1866년 병인양요가 일어났을 때
는 자원군自願軍으로 참전하였다. 200명이란 적지 않은 수가 자비로
장비를 갖추어 참전하였고 총융진 순무선봉장에 예속되어 전투를
벌였다. 또 1871년 신미양요에도 참전하여 큰 공을 세웠다. 전란이
진정된 뒤 영의정 김병학이 그들의 용감함을 보고하자 고종은 군주
에 대한 충성심이 각별하다고 칭찬하며 특별히 포상하였다.[3]

반인 자원군은 병인양요 이후 특수부대인 별초군別抄軍으로 편성
되어 궁성을 수비하는 중책을 맡았다. 자원군에서 정규군으로 정식
편입된 것이다. 정교는 『대한계년사』에서 반인 가운데 건장하고 날
래고 용맹한 자가 많아서 대원군이 그중 우수한 이들을 수백 명 뽑
아서 군적에 편입시키고 별초군이라 칭했다고 설명하였다.[4] 설명에

조금 차이가 있으나 자원군이 뿌리가 되어 정규군으로 발탁됐음은 다르지 않다.

반인 별초군은 국왕의 친위부대로서 임오군란과 갑신정변, 동학혁명군을 토벌하는 등 큰 변란에서 공적을 세웠다. 특히 1884년 10월 갑신정변 때에는 일본 병사에게 후원으로 끌려간 고종을 무예 위사武藝衛士와 함께 들어가 호위했는가 하면 옥류천 뒤 북장문北墻門을 통해 반촌을 거쳐 송동의 북묘北廟로 호위하였다. 북묘에서 개화파인 홍영식과 박영효의 형 도승지 박영교를 죽인 병사도 그들이었다.

고종은 그들을 용맹하다고 여겨 총융청에서 어영청으로, 뒤에는 다시 친군우영親軍右營에 소속시켰다. 고종은 그들을 매우 신뢰하여 대한제국 군대에서도 큰 역할을 맡겼다. 그 별초군을 상징하는 반인 출신 무관의 대표 주자가 바로 홍태윤과 박승환이다. 두 사람은 외숙과 조카의 관계이다.

고종의 측근 무관 홍태윤

홍태윤洪泰潤, 1857~1918은 반촌의 송동에 거주한 반인이었다. 일제 강점기에 개편된 주소로는 경성부 혜화동 20번지에 살았으니 현 혜화초등학교 뒤쪽이다. 별초군 출신으로 육군 참령이란 고위 무관을 지냈다. 일찍부터 고종의 신임을 받아 1885년에는 친군우영 초관哨官과 대관隊官, 통위영 참령 등을 역임하며 측근 무관으로 봉직하였다. 1892년부터 포천현감, 영평군수, 진위군수 등을 지냈다. 1894년 일제 군병이 경복궁에 침입하여 고종을 협박할 때도 그는 좌포장과 우포장, 측근 내시와 함께 곁을 지켰다. 그뒤 더욱 중용되어 육군 참령의 지위를 유지하면서 오랫동안 양주군수로 봉직하였다.

1897년 명성황후의 국장을 치르고 홍릉을 조성할 때 홍태윤은 책임자로 일하기도 했다. 그때 그는 동대문에서 홍릉에 이르는 길에 백양나무 가로수를 심었는데 근대적 가로수의 첫 조성이었다. 영평과 양주에 오래 근무하면서 지방관으로도 빼어난 치적을 쌓아 1901년에는 내부대신으로부터 "영평군수 홍태윤이 6년 재직하며 온갖 방면에 잘 조치해 그가 이직할까 염려하는 여론이 형성되어 있다"는 호평을 받을 정도였다. 양주군수로 1902년에서 1907년까지 재직했는데 치적을 쌓아 재직중에 선정비가 세워지기도 하였다. 서울시 도봉구 쌍문동에 1903년에 세워진 것과 경기도 양주시 유양동에 1904년에 세워진 것 2기가 남아 있다.

한편, 홍태윤은 반촌의 큰 부자이기도 했다. 혜화동에 큰 토지를 소유한 지주로서 그 일부를 독일인 선교사와 일본인 지주에게 매도하였다. 혜화동의 동성고등학교 일대 천주교 관련 학교 부지도 본래는 그의 소유였다.

대한민국 군인의 자존심 박승환

반촌 출신으로서 홍태윤보다 더 중요한 인물이 바로 그의 조카인 박승환 참령參領이다. 그는 1869년 9월 7일 반촌에서 아버지 박주표朴周杓와 어머니 남양 홍씨 사이에서 3남매 중 장남으로 출생하였다. 어머니가 홍태윤의 누이다. 외숙의 영향을 받아 그도 일찍부터 반인 별초군의 길을 걸었다. 1887년 18세의 어린 나이로 무과에 급제하였고, 이후 무관학교를 졸업하였다. 1907년 종2품 육군 참령으로 승진

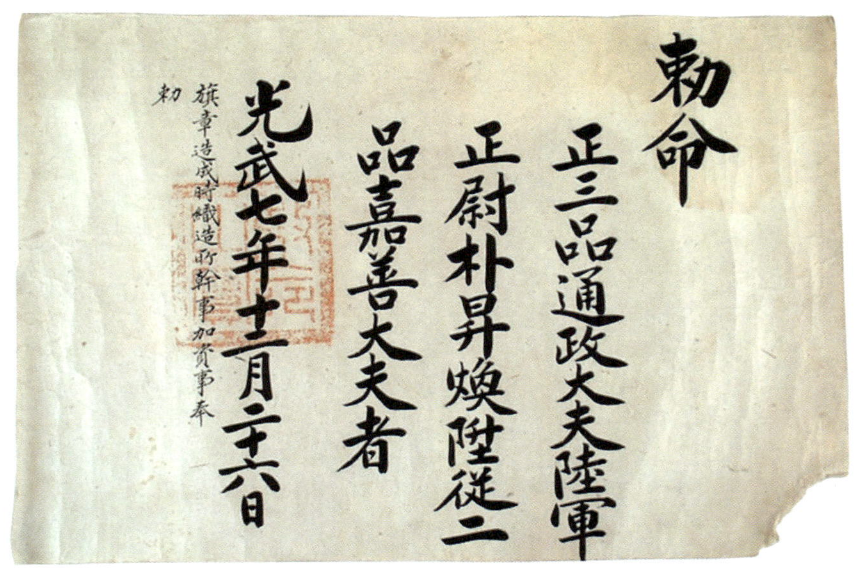

1903년 박승환을 종이품 가선대부의 품계에 봉하는 칙명. 독립기념관 소장.

하여 시위보병侍衛步兵 제1연대 제1대대장으로 봉직하였다. 러일전쟁에서 승리한 일제는 고종을 퇴위시키고 대한제국의 군대를 해산하였다. 당시 최정예부대인 시위보병에는 2개 연대 약 3600명의 군사가 있었는데 박승환은 제1연대에서 제1대대장을 맡아 황제의 최측근 고위 장교였다.

1907년 8월 1일 군대 해산 명령을 전달받은 대대장 박승환은 분개하여 "군인으로서 나라를 지키지 못했고, 신하로서 충성을 다하지 못했으니, 만 번 죽어도 아까울 게 없다軍不能守國, 臣不能盡忠, 萬死無惜"라는 유서를 쓰고 "대한제국 만세!"를 외친 후 자결했다. 그의 죽음은 해산 명령에 격분한 군인들의 가슴에 불을 질렀고 군인들은 탄약고를 부수고 무장하여 일본군과 시가전을 벌였다. 이후 지방

흔신분이 되얏스나 그즁에 잇셔 여러
가지로 힘을 쓰며 승경학교를 설립홀
석에도 쳔삼빅원의 소죄를 긔부호얏
스며 또 션견지명이 잇셧던지 이왕양
쥬군슈폐에 원산가도에 버들을 심은
일이 잇눈딕 지금그버들이 경셩인스
의게 얼마나 유쾌흔 감동을 쥬눈지요
사이면 챠를 타고 쳥량리로 나가눈 사
룸은 알지로다 또경셩부에 써눈 여러
독지쟈와 협력호야 젹의들의
▲싱활력을 충실케 호며쳥
신샹으로 호던지 경쥐샹으로 호던지 그
병도를 놉히고 죠호야 작년 가을브터힘
을 쎤년과로 이번에 집셩조합 集成組
합이라 눈 것을 셜시 호얏눈딕 그 목
덕은 조합원이 단결호야 쎠로 친목히
호며 샤치를 금호고 젹츅에 힘을 쓰며
위셩에 류의 호고 즛호눈등이라 죠합원
즁에 쎠 집셩근검 젹츅 조합을 셜시 호
얏 소한머리를 잡을 쎠마다 십쳔식을
젹금 호며 소를다 픈지 안이 호눈쟈눈
미월십쳔식 젹금 호기로 호야 오월부
터 긔시 흔바 임의 오십원이 되얏다 홀
즉 일년에눈 쳔 오빅원이샹의 젹금을
호겟고 여러 가지로 힘을드리여 혼빈
모범촌을 만들고 즛흔다 더라

군대의 거센 항전이 이어졌고, 의병으로 전환되어 전국적인 봉기
투쟁을 촉발하였다. 그의 자결은 대한제국 군인의 자긍심과 충성심
을 보여줬을 뿐 아니라 자발적 의병 운동의 기폭제가 되었다. 그 공
훈을 기리어 정부에서는 1962년에 건국훈장 대통령장을 추서하였
다. 그는 반촌이 배출한 대한제국의 군인다운 군인이었다.

박승환이 자결하여 전국에서 의병이 일어났을 때 그의 외숙 홍태
윤은 양주군수로 재직하고 있었다. 해산당한 군인이 양주 지역에도
들어와 의병 활동을 전개했는데 홍태윤은 은밀하게 그 의병에 가담
하였다. 그는 일제에 체포되어 투옥되었다가 풀려났는데 관련한 사
실이 통감부 문서에 기록되어 있다. 조선 침략의 악랄한 주구走狗이
자 일진회 주동자인 우치다 료헤이内田良平, 1874~1937가 1907년 11월
26일 이토 히로부미에게 보낸 보고서에 따르면, "이곳 군수 홍태윤

漸次蘇生되여가는
特種의村
성천군 관직의 발전
홍태윤 씨의 진력

『매일신보』 1915년 6월 16일 기사 「점차 소생되어가는 특종特種의 촌村」. 반촌 발전에
기여한 홍태윤을 특종 기사로 쓰고 있다.

은 전 육군 참령이었습니다. 이제 폭도에 가담하여 체포되고 군주
사郡主事의 집도 우리 병사에 의해 불타버렸으나 면종복배하여 몰래
대화하는 그 무리를 혼란케 했으므로 더욱 어두운 밤중의 불온한
상황을 비밀로 감추고 군수들의 행동을 찬양했습니다"[5]라고 하였
다. 즉 홍태윤이 겉으로는 아닌 듯하지만 실제로는 군민과 함께 의
병을 부추긴 정황이 있다고 보고하였다.

우치다는 그 증거로 같은 해 10월 23일자 양주군 아전 박도용朴道
容의 편지를 제시하였다. 겉봉에 "송동 노대감老大監 시하인侍下人 개
탁開坼"이라 쓴 편지였다. 송동의 노대감은 홍태윤의 부친이고, 홍
태윤의 출옥을 축하함과 동시에 그와 기맥이 통하여 협력하는 군민
이 많다는 내용이었다. 또 편지 소지자를 붙잡아 조사한 결과, 포천

과 경성, 양주 등지를 왕래하며 고종의 밀명을 전달하였고, 홍태윤과 양주의 아전, 고종 사이에 연락이 오갔다는 정황을 포착했다고 밝혔다.

이 사건으로 홍태윤은 7월 육군 참령에서 해임되었고, 10월에는 양주군수 자리에서도 쫓겨났다. 그는 조카와 뜻과 행동을 같이하여 대한제국과 황제에게 끝까지 충성하였다. 그도 독립유공자로 인정받을 만한 행적을 보였다. "반인은 기개를 숭상하고 의협심이 강하며, 죽음을 두려워하지 않는다"라는 반인 사회의 의협심을 두 사람은 행동으로 보여주었다.

대한제국이 망한 뒤에도 그는 경성의 대표적 명사로서 반인의 존경을 받으며 살다가 1918년에 사망하였다. 몸집이 몹시 뚱뚱하여 언론의 놀림거리가 되기도 했으나 청량리 가로수길을 만든 선구자로, 숭정학교를 세워 인재를 교육한 교육가로, 반인의 단합과 경제생활을 지원한 사회사업가로 존경받았다. 근대 반촌의 마지막 흔적인 그의 죽음을 끝으로 반인은 역사의 뒤안길로 사라졌다.

참고문헌

『조선왕조실록』『승정원일기』『일성록』『한국문집총간』『연려실기술燃藜室記述』『경모궁의궤景慕宮儀軌』『단란斷爛』『통감부문서統監府文書』『신증동국여지승람』『동국여지지東國輿地志』『태학지太學志』『경국대전』『육전조례』『속대전續大典』『대한계년사大韓季年史』『반계수록磻溪隨錄』『만기요람萬機要覽』『우서迂書』『성호사설星湖僿說』『이재난고頤齋亂藁』『강한집江漢集』『금옹집錦翁集』『기언記言』『만곡집晚谷集』『매산집梅山集』『보만재집保晚齋集』『석동유고石洞遺稿』『소곡유고素谷遺稿』『속음청사續陰晴史』『양파유고陽坡遺稿』『염수헌문집念睡軒文集』『임여재문집臨汝齋文集』『정본 여유당전서』『추담집秋潭集』『하서집荷棲集』『홍재전서弘齋全書』『해동잡록海東雜錄』『후계집後溪集』『저헌집樗軒集』『매일신보每日新報』『조선일보』

『동책정수東策精髓』, 사본, 17세기, 저자 소장.
『태학계첩太學稧帖』, 1747년, 서울역사박물관 소장.
강명제姜命齊 편, 『정의사호성록鄭義士護聖錄』, 목판본, 1804년, 미국 버클리대학교 동아시아도서관 소장.

강세정,『송담유록』, 정민 옮김, 김영사, 2022.

고시언 편,『소대풍요昭代風謠』, 영인본, 아세아문화사, 1980.

권상일,『청대일기』, 국사편찬위원회, 2010.

김려,『담정총서藫庭叢書』, 사본, 국립한국문학관 소장.

김세균金世均,『송간이록松澗貳錄』, 사본, 국립중앙도서관 소장.

박제가,『북학의』, 안대회 옮김, 돌베개, 2013.

성현成俔,『용재총화慵齋叢話』, 영인본, 학민문화사, 2000.

신광하申光河,『진택집震澤集』, 사본, 저자 소장.

심계석沈啓錫 편,『반림영화泮林英華』, 영인본, 성균관대 대동문화연구원, 2019.

심계석沈啓錫,『대림산인미정고大林山人未定藁』, 사본, 규장각 소장.

심노숭沈魯崇,『자저실기自著實記』, 안대회·김보성 외 번역, 휴머니스트, 2014.

안극권安克權 편,『안문성공실기安文成公實記』, 목판본, 저자 소장, 1766.

엄경수,『국역 부재일기』, 구순옥 외 옮김, 서울역사편찬원, 2020.

오세창吳世昌,『근역서화징槿域書畫徵』, 계명구락부, 1927.

유만주兪晩柱,『흠영欽英』, 규장각자료총서, 1997.

유몽인,『어우야담』, 신익철 외 옮김, 돌베개, 2006.

유본예,『한경지략』, 장지연 옮김, 아카넷, 2020.

윤기尹愭,『무명자집』, 성균관대학교 대동문화연구원 옮김, 성균관대학교출판부,
2014.

윤행임尹行恁,『해상청운海上淸云』, 사본, 미국 버클리대 동아시아도서관 소장.

이규상李奎象,『일몽고一夢稿』, 초고본, 규장각한국학연구원 소장.

이만부李萬敷,『태학성전太學成典』, 사본, 성균관대학교 동아시아학술원 존경
각 소장.

이병찬 편,『석북 신광수가 간찰』, 충남대학교 충청문화연구소, 2011.

이옥李鈺,『완역 이옥전집』, 실시학사 고전문학연구회 옮김, 휴머니스트, 2009.

이용휴·이가환,『나를 돌려다오』, 안대회 역, 태학사, 2003.

이운영李運永,『영미편瀛尾編』, 이진경 옮김, 성균관대학교출판부, 2023.

이웅징李熊徵,『검주선생유고黔州先生遺稿』, 사본, 충남대도서관 소장.

이재운,『해동화식전』, 안대회 옮김, 휴머니스트, 2019.

이형부李馨溥,『고금인총언古今人叢言』, 사본, 규장각한국학연구원 소장.

이흠李欽,『계양유고桂陽遺稿』(『原州世稿』, 蓮潭文庫), 1997.

임천상任天常,『시필試筆』, 사본, 규장각한국학연구원 소장.

정조,『정조어찰첩』, 백승호 외 탈초 번역, 성균관대학교출판부, 2009.

조수삼趙秀三,『추재기이秋齋紀異』, 안대회 옮김, 한겨레출판, 2010.

진원정陳元靚,『사림광기事林廣記』, 元刊 影印, 京都, 中文出版社, 1988.

천수경千壽景 편,『풍요속선風謠續選』, 영인본, 아세아문화사, 1980.

『청구야담靑邱野談』, 이강옥 옮김, 문학동네, 2019.

하사신何士信,『소학서도小學書圖』, 목판본, 제주.

강명관,「조선후기 체제의 반인泮人 지배와 반인의 대응」,『한국문화연구』 15권, 2008.

강명관,『노비와 소고기』, 푸른역사, 2023.

강명관,『조선의 뒷골목 풍경』, 푸른역사, 2003.

강창우·양승우,「일제강점기 경성 동북부 도시조직 변화과정연구—서울특별시 종로구 혜화동을 중심으로」,『서울학연구』 57호, 2014.

김경용,「갑오경장 이후 성균관경학과와 경의문대經義問對 연구」,『교육사학연구』 21권 1호, 2011.

김경용,「대한제국기 성균관사업시선成均館司業試選 연구」,『교육사학연구』 21권 2호, 2011.

김세호,「정조가 행차한 반수의 관기교」,『문헌과해석』 94호, 2023.

김종하,「18세기 소북 시사 연구」, 성균관대학교 박사학위논문, 2025.

김학수,『끝내 세상에 고개를 숙이지 않는다―17세기 명가의 내력과 가풍』, 삼우반, 2005.

나카야마 큐시로中山久四郎 편,『일본현존문묘日本現存文廟』, 도쿄, 사문회斯文會, 1935.

박지영,「조선후기 반인泮人의 존재양상과 반촌泮村의 공간 변화」, 부산대학교 석사학위논문, 2013.

성균관대학교,『성균관대학교 육백년사』. 성균관대학교출판부, 1998.

송일기,「영락永樂 내부각본內府刻本〈사서대전四書大全〉의 조선朝鮮 전래傳來와 유포流布」,『한국문헌정보학회지』 48집, 2014.

송찬식, 『조선후기 사회경제사의 연구』, 일조각, 1997.

신영주, 「월사 이정구의 갑계 조직과 『갑계첩』」, 『한문학보』 19집, 2008.

심규식, 「병자호란丙子胡亂 호성수복護聖守僕과 『정의사호성록鄭義士護聖錄』의 편찬—반인泮人을 구속하는 '사면천辭免賤' 이데올로기—」, 『한문학보』 41집, 2019.

심산 김창숙 연구회, 『성균관대학교의 역사와 학풍』, 성균관대학교출판부, 2022.

안나미, 『조선의 핫플레이스 동촌』, 의미와재미, 2022.

안대회 외, 『(사료를 통해 본) 18세기 도시상』, 서울역사박물관 연구용역보고서, 2016.

안대회, 「담정그룹의 문학세계와 상업도시 한양의 도회지 문화」, 『민족문화연구』 98집, 2023.

안대회, 「반촌泮村과 반인泮人 시인 연구」, 『한문학보』 42집, 2020.

안대회, 『조선을 사로잡은 꾼들』, 한겨레출판, 2010.

안대회, 「조선 후기 여항문학閭巷文學의 성격과 지향」, 『한문학보』 제29집, 2013.

안대회·김세호 외 3인, 『성균관과 반촌』, 서울역사박물관, 서울기획연구 5, 2019.

안대회, 『한양의 도시인』, 문학동네, 2022.

안대회 외, 『한양의 세거지』, 서울역사박물관, 서울기획연구 11, 2023.

안준석, 「일몽 이규상 문학 연구」, 서울대학교 박사학위논문, 2025.

오보라, 「홍천사紅泉社의 결성과 시세계—연구시聯句詩를 중심으로」, 『동양고전연구』 66집, 2017.

유슬기·김경민, 「조선시대 한양도성 안 동부 지역의 상업도시화 과정」, 『서울학연구』 57호, 2017.

유영옥, 「향유鄕儒 황윤석黃胤錫의 반촌泮村 기식寄食과 복첩卜妾」, 『동양한문학연구』 27집, 2008.

유춘동, 「방각본 소설의 새 자료와 과제」, 『고전과해석』 17집, 2014.

이능화, 『조선무속고』, 서영대 옮김, 창비, 2008.

이연숙, 「조선후기 서울 송동宋洞의 역사·문화적 의미와 장소성」, 『서울학연구』 77호, 2019.

이용범, 「새롭게 발굴된 명륜학원 관련 사진들」, 『근대서지』 22호, 2020.

이재운, 『해동화식전』, 안대회 옮김, 휴머니스트, 2019.

이창헌, 「경판방각소설의 간기에 대한 연구」, 『한국문학논총』 43집, 2006.

이헌창, 「18세기 황윤석가의 경제생활」, 강신항 외, 『이재난고로 보는 조선 지식인의 생활사』, 한국학중앙연구원, 2007.

장재천, 「대사성까지 역임한 성균관의 우수교관 사례」, 『한국사상과 문화』 77호, 2015.

장재천, 「조선후기 성균관의 반촌과 반촌인泮村人」, 『향토서울』 77집, 2011, 서울역사편찬원.

정덕희, 「조선 후기 중앙교육재정의 규모 추정」, 『한국교육사학』 34권 4호, 2012.

정민, 『서학, 조선을 관통하다』, 김영사, 2022.

최은정, 「18세기 현방懸房의 상업활동과 운영」, 『이화사학연구』 23·24권, 1997.

홍태한, 「서울 부군당의 실존 인물 숭배 양상」, 『남도민속학』 17권, 2008.

들어가며

1 정조,『홍재전서弘齋全書』권175,「일득록日得錄」15, '훈어訓語' 2, 한국문집
총간 262~267집. 이 책에서 출처를 밝히지 않은 문집은 모두 한국문집총
간을 이용하였다.

2 『국조보감』권15, 성종 6년 3월 기사.

3 유언협,「정신국전鄭信國傳」(강명제姜命齊 편,『정의사호성록鄭義士護聖錄』권
2 장2~5), 목판본, 1804, 미국 버클리대학교 동아시아도서관 소장.

1부. 성균관과 반촌

1장. 성균관 마을의 탄생

1 박재우,「고려, 성균의 인재를 양성하다」(심산 김창숙 연구회,『성균관대학교의
역사와 학풍』), 성균관대학교출판부, 2023, 69~89쪽.

2 박현순,「성균관과 성균관 유생들」(안대회 외 지음,『성균관과 반촌』), 2019, 서

울역사박물관, 72~73쪽.

3　엄경수, 『국역 부재일기 1』, 구순옥 외 옮김, 서울역사편찬원, 2020, 217
　　~218쪽.

2장. 한양의 특수구역 반촌

1　이규상, 『일몽고一夢稿』, 문고文稿, 「풍속지風俗誌」, 규장각한국학연구원
　　소장 초고본. 안준석, 「일몽 이규상 문학 연구」, 서울대학교 박사학위논문,
　　2025.

2　이가환, 「옥계청유권서玉溪淸遊卷序」(안대회 옮김, 『나를 돌려다오』), 태학사,
　　2003, 170쪽. "東北泮界也, 與儒士狎狃而頑然, 亦有氣義."

3　『연산군일기』 54권, 연산군 10년(1504) 7월 12일 기사. 실록은 고전번역종
　　합DB의 텍스트를 사용하였는데 아래도 같다.

4　유몽인, 『어우야담』, 신익철 외 옮김, 돌베개, 2006, 490~493쪽.

3장. 반촌은 어디서부터 어디까지였을까?

1　윤기, 『무명자집』 2, 「반중잡영泮中雜詠」 제215수, 강민정 옮김, 성균관대학
　　교 대동문화연구원, 성균관대학교출판부, 2014, 370쪽.

2　김세호, 「정조가 행차한 반수의 관기교」, 『문헌과해석』 94호, 2023, 11~29쪽.

3　이상 경모궁에 대한 서술은 『경모궁의궤景慕宮儀軌』 권4의 「금제今制」와
　　「부록」을 참고하였다.

4　강창우·양승우, 「일제강점기 경성 동북부 도시조직 변화과정 연구 — 서울
　　특별시 종로구 혜화동을 중심으로」, 『서울학연구』 57호, 2014, 115~172쪽.

5　강창우·양승우, 위의 논문; 유슬기·김경민, 「조선시대 한양도성 안 동부 지
　　역의 상업도시화 과정」, 『서울학연구』 67호, 2017, 239~264쪽.

6　강창우·양승우, 위의 논문. 뒤에 나오는 제2부의 '6장. 반인만의 특수한 세
　　계'에서 더 자세하게 살펴볼 것이다.

7　윤기, 앞의 책, 「반중잡영」 제19수, 99~100쪽. 이 시에는 다음 설명이 붙어
　　있다. "東西泮村, 以大路分言之也. 洞口有下馬碑, 洞口之西有磚石峴, 通梨
　　峴大路. 自磚石峴入洞口處, 有石橋, 當宁朝命刻'觀旂橋'三字於橋頭, 蓋取
　　『詩』'言觀其旂'之義也."

4장. 형리의 출입을 금하노라

1   이긍익, 『연려실기술燃藜室記述』, 별집 제7권, 「관직전고官職典故」, '성균관'.

2   『승정원일기』, 인조 17년(1639) 11월 19일.

3   『일성록』, 정조 7년(1783) 8월 16일.

4   『영조실록』, 영조 6년(1730) 10월 11일.

5   황윤석, 『이재난고』, 1771년 4월 11일.

6   조경趙絅, 『하서집荷棲集』 권4, 「사대사성소辭大司成疏」.

7   조경, 「사형조참의소辭刑曹參議疏」, 위의 책, 권4. 이 상소는 『승정원일기』 영조 51년(1775) 4월 5일자에도 실려 있다.

2부. 반촌 사람들

5장. 성균관에 예속된 운명

1   『속대전續大典』 권5, 「형전刑典」 '공천公賤' 조, 조선총독부 중추원, 1935, 435쪽.

2   성현, 『용재총화』, 학민문화사, 2000, 128쪽.

3   『성종실록』, 성종 5년(1474) 4월 12일.

4   윤기, 『무명자집』, 「반중잡영」 제17수.

5   유본예, 『한경지략』, 장지연 옮김, 아카넷, 2020, 333~341쪽.

6   안극권 편, 『안문성공실기安文成公實記』, 75장, 목판본, 저자 소장, 1766년.

7   황경원, 『강한집江漢集』 권9, 「안공사기安公祠記」.

8   허목許穆이 지은 「송경 안문성공 여항비松京安文成公閭巷碑」에 따르면 개성 양온동에 안향의 고택이 있었고, 후손이 여기에 여항비閭巷碑를 세웠다고 한다.

9   윤기, 앞의 책, 「반중잡영」 제20수.

10   이옥, 『이옥전집李鈺全集』 4책, 「반촌사정려기」, 휴머니스트, 2009, 95쪽.

11   이익, 『성호사설星湖僿說』, 「언문諺文」.

12   이옥, 앞의 책, 「방언方言」, 110~111쪽.

13   이능화, 『조선무속고』, 서영대 역주, 창비, 2008, 324~325쪽.

14 황윤석,『이재난고』26책, 초9일.

15 홍태한,「서울 부군당의 실존 인물 숭배 양상」,『남도민속학』17권, 2008, 417~444쪽. 다만 성균관 부군당의 실체를 다룬 연구자는 거의 없다.

16 예의『중종실록』에서 "부근당이란 것은 관부에서 사당을 설치하여 기도하는 것으로 나라의 풍속이다[付根者, 官府設祠祈祝, 國俗也]"라고 주석을 달아서 민속신앙으로 인정하였다.

6장. 반인만의 특수한 세계

1 『승정원일기』, 숙종 8년(1682) 9월 2일.

2 『승정원일기』, 숙종 18년(1692) 3월 9일.

3 『비변사등록』, 영조 34년(1758) 8월 28일.

4 황윤석,『이재난고』26책, 초9일.

5 『승정원일기』, 정조 5년(1781) 2월 3일.

6 송찬식의 「현방고懸房考」(『조선후기 사회경제사의 연구』, 일조각), 1970, 534~535쪽에서는 성균관에 입역入役하는 노비가 천에서 사천여 명에 이른다고 보았다.

7 송찬식, 위의 글, 534~539쪽; 최은정,「18세기 현방의 상업활동과 운영」,『이화사학연구』24권, 1997, 83~112쪽.

8 박지영,「조선후기 반인泮人의 존재양상과 반촌泮村의 공간 변화」, 2013, 부산대학교 석사학위논문, 26~27쪽. 같은 논문에서『태학지太學志』권9,「희늠餼廩」'장획臧獲' 조의 경안京案에 실린 성균관 노비의 수 1453명과 비슷한 숫자로 추정하였다.

9 『승정원일기』, 숙종 23년(1697) 7월 28일.

10 『승정원일기』, 숙종 33년(1707) 1월 5일.

11 강명관,「조선후기 체제의 반인泮人 지배와 반인의 대응」,『한국문화연구』15권, 2008, 79~111쪽.

12 『승정원일기』, 숙종 23년(1697) 7월 28일.

13 『승정원일기』, 정조 6년(1782) 1월 21일.

14 『일성록』, 정조 12년(1788) 11월 6일.

15 강명관,「서울의 게토, 도살면허 독점한 치외법권 지대: 반촌」,『조선의 뒷골

목 풍경』, 푸른역사, 2003, 224~257쪽.

16 『영조실록』, 영조 19년(1743) 11월 6일.

17 『승정원일기』, 영조 19년(1743) 11월 17일.

18 『승정원일기』, 영조 19년(1743) 11월 18일.

7장. 반촌을 세거지로 삼은 명문가

1 이륙, 「저헌집행장樗軒集行狀」, 『저헌집』.

2 김학수, 『끝내 세상에 고개를 숙이지 않는다 ― 17세기 명가의 내력과 가풍』, 삼우반, 2005, 340~341쪽.

3 오세현, 「관동이씨: 연안이씨의 동촌 세거」, 『한양의 세거지』, 서울역사박물관, 2023, 125~159쪽.

4 신영주, 「월사 이정구의 갑계 조직과 『갑계첩』」, 『한문학보』 19권, 2008, 215~241쪽.

5 오보라, 「홍천사紅泉社의 결성과 시세계 ― 연구시聯句詩를 중심으로」, 『동양고전연구』 66집, 2017, 41쪽; 안나미, 『조선의 핫플레이스 동촌』, 의미와재미, 2022, 196~226쪽.

6 사현사의 위치에 대해서 논란이 있을 수 있다. 사현사는 명륜2가 창경궁뜰 아남아파트 자리로 그 위치를 추정한다. 그 근거로는 1)사현사가 있어서 사현사동, 사현삿골, 사현동四賢洞으로 부르는 동네가 문묘 동남쪽에 위치하였고, 2)사당 건물을 세울 만큼의 넓은 공간이 그 자리뿐이며, 3)186쪽에 수록한 〈호성록십이도〉 중 '반교에 정려문을 세우다' 그림에서 호성사 남쪽에 사현사를 그려넣었고, 4)근현대에 학부學部 소속 건물이라서 그 자리에 숭교의숙과 고등상업학교가 세워졌으며, 5)사현사 바로 아랫동네가 궁안우물 어유구의 집터였고, 6)1912년에 제작된 〈경성시구개정예정계획노선도〉에 아남아파트 자리에 사현사를 기재해놓은 것 등을 들 수 있다. 사현사 부지는 본디 사섬시 소유였으나 숙종 33년(1707) 이후 성균관에 소속되었다.

7 홍직필, 『매산집梅山集』 권29, 「송홍동기」.

8장. 송동의 송시열과 포동의 윤휴, 두 거인의 비극

1 이연숙의 「조선후기 서울 송동宋洞의 역사·문화적 의미와 장소성」(『서울학

연구』 제77호, 2019, 79~110쪽)에서 송동이란 장소의 역사성을 전반적으로
검토하였다.

2　『승정원일기』, 영조 19년(1743) 11월 18일.

3　유만주, 『흠영欽英』, 규장각자료총서, 1997, 1787년 2월 21일.

4　김용한, 『염수헌문집念睡軒文集』 권2, 목판본, 국립중앙도서관 소장.

5　임천상, 『시필』 제3책, 사본, 국립중앙도서관 소장. 인용한 시는 오언고시로
「김창협의 시에 화답하다和金仲和昌協韻」의 일부인데 글자에는 차이가 있다.

6　윤광소, 『소곡유고素谷遺稿』 권15, 「간서수필看書隨筆」.

7　유창, 『추담집秋潭集』 정貞, 「사이불수록설仕而不受祿說」.

8　정조, 『홍재전서』 권178, 「일득록」 18. 이시원李始源의 정사년 기록.

9　정조, 『정조어찰첩』, 백승호·장유승 옮김, 성균관대학교출판부, 2009,
49~51쪽.

10　김용한, 앞의 글. 이 시의 제목 아래에 '제동霽洞은 백호 윤휴의 유지이다[霽
洞, 尹白湖遺址]'라는 주석을 달았다.

9장. 성균관과 반촌을 빛낸 대사성

1　유형원, 『반계수록』 권15.

2　성균관대학교, 『성균관대학교 육백년사』, 성균관대학교출판부, 1998, 284
~311쪽.

3　장재천, 「대사성까지 역임한 성균관의 우수교관 사례」, 『한국사상과 문화』
77호, 2015, 149~169쪽.

4　황경원黃景源, 『강한집江漢集』 권17, 「보국숭록대부 판중추부사 겸 판의금
부사 예조판서 홍문관대제학 예문관대제학 지경연춘추관성균관사 세자좌
빈객 세손사 이공의 묘지명輔國崇祿大夫判中樞府事兼判義禁府事禮曹判書弘
文館大提學藝文館大提學知經筵春秋館成均館事世子左賓客世孫師李公墓誌銘」.

5　안대회, 『조선을 사로잡은 꾼들』, 한겨레출판사, 2010, 184~186쪽.

6　함경도의 각 읍에서 북관개시에 필요한 물품을 마련하기 위해서 운영한 곡물.

7　신석규辛錫奎, 「태학계첩지」, 『태학계첩』, 서울역사박물관 소장, 1747.

8　서명응, 『보만재집保晚齋集』 권8, 「삼주이공유애사기三洲李公遺愛祠記」.

9　서명응, 위의 글. 영조 45년(1769) 9월 5일에 영의정 홍봉한은 영조에게 진언

하여, 은덕을 베푼 전임 대사성을 제사하려고 반촌에 설치한 생사당을 철폐하라고 요청하였다. 아마도 이정보의 생사당을 지목했을 것이다.

10장. 반인, 성균관을 운영하다

1　서명응, 『보만재집』 권8, 「안광수전安光洙傳」.

2　『정조실록』, 정조 14년(1790) 3월 23일.

3　정동식鄭東植, 「호성록발扈聖錄跋」(강명제 편, 『정의사호성록』).

4　안대회·김세호 외 3인, 『성균관과 반촌』, 서울역사박물관, 서울기획연구 5, 2019, 36쪽.

5　박지영, 「조선후기 반인의 존재양상과 반촌의 공간 변화」, 13~19쪽.

11장. 반주인의 상업 활동과 유생과의 관계

1　유영옥, 「향유鄕儒 황윤석黃胤錫의 반촌泮村 기식寄食과 복첩卜妾」, 『동양한문학연구』 27권, 2008, 39~75쪽.

2　네 개 관[四館]은 성균관成均館·예문관藝文館·승문원承文院·교서관校書館을 합하여 부르는 말이다.

3　이응징, 『검주선생유고』, 「검옹지림」, 사본, 충남대 도서관 소장.

4　『승정원일기』, 영조 16년(1740) 7월 8일.

5　정태화, 『양파유고陽坡遺稿』 권2, 「고피반촌노구수색무염苦被泮村老嫗需索無厭」.

6　이헌창, 「18세기 황윤석가의 경제생활」(강신항 외, 『이재난고로 보는 조선 지식인의 생활사』), 한국학중앙연구원, 2007, 415~425쪽; 유영옥, 앞의 글, 39~75쪽.

7　황윤석, 『이재난고』, 1770년 8월 1일.

8　황윤석, 위의 책, 1780년 2월 17일.

9　이운영, 『웃음으로 조선을 그리다, 영미편潁尾編』, 이진경 옮김, 성균관대학교출판부, 2023, 87~90쪽.

10　이헌창, 위의 글, 415~425쪽.

11　황윤석, 앞의 책, 1766년 8월 4일.

12　이헌창, 앞의 글, 381~390쪽.

13 안대회, 『한양의 도시인』, 문학동네, 2022, 8~48쪽.

14 이규경, 『오주연문장전산고五洲衍文長箋散稿』, 「행주음선변증설行廚飮膳辨
   證說」.

15 이강옥 옮김, 『청구야담靑邱野談』 상, 「서도 재물을 많이 실어보내 대장부임
   을 과시하다誇丈夫西貨滿馱」, 문학동네, 2019, 83~88쪽.

16 이형부李馨溥, 『고금인총언』 32장, 사본, 한국은행 기탁, 규장각한국학연구
   원 소장.

17 이문재李文載, 『석동유고石洞遺稿』 권6, 「만기하謾記下」.

18 김학배金學培, 『금옹집錦翁集』 권3, 「거반잡록居泮雜錄」.

3부. 반촌은 어떻게 움직이는가

12장. 성균관의 운영은 어떻게 이루어졌는가

1 『승정원일기』, 영조 16년(1740) 7월 8일 대사성 심성희沈聖希의 상소.

2 정덕희, 「조선 후기 중앙교육재정의 규모 추정」, 『한국교육사학』 34권 4호,
   2012, 103~147쪽.

3 유수원, 『우서迂書』 권2, 「논학교論學校」, 민족문화추진회, 1981.

4 유형원, 『반계수록』 권9, 「교선지제敎選之制」.

5 박지영, 「조선후기 반인의 존재양상과 반촌의 공간 변화」, 20~39쪽.

6 강명관, 『노비와 소고기』, 푸른역사, 2023, 242~246쪽.

7 『승정원일기』, 영조 20년(1744) 8월 26일.

8 박제가, 『북학의』, 안대회 옮김, 돌베개, 2013, 118~121쪽.

9 『승정원일기』, 영조 1년(1725) 12월 18일.

10 강명관, 앞의 책, 253~259쪽.

11 『승정원일기』, 영조 16년(1740) 7월 8일 대사성 심성희의 상소.

12 『승정원일기』 영조 3년(1727) 9월 12일.

13 『승정원일기』 영조 9년(1733) 5월 29일.

14 『단란斷爛』 권1, 한국학중앙연구원 디지털 장서각, https://jsg.aks.ac.kr

15 『일성록』, 정조 17년(1793) 10월 12일, 국사편찬위원회 한국사DB.

16 김세균金世均, 『송간이록松澗貳錄』 21책, 사본, 국립중앙도서관 소장.

17 이재운, 『해동화식전』, 안대회 옮김, 휴머니스트, 2019, 96쪽.

13장. 지방 유생들의 베이스캠프

1 유본예, 『한경지략』, 333~341쪽.

2 이이순, 『후계집後溪集』, 「반촌의 우거에 영사란 편액을 걸다泮村寓邸扁以嶺舍」.

3 권상일, 『청대일기』 권상, 1711년 12월 19일, 국사편찬위원회, 2010.

4 유규, 『임여재문집臨汝齋文集』 권4, 「연설筵說」.

5 황윤석, 『이재난고』, 1766년 1월 4일.

6 한국국학진흥원 소장 간찰. "阻懷山積, 卽玆春雪, 兄持被起居如何? 弟旬間上洛, 而不但病憊, 且有搬移事, 汨撓無暇, 不得一就穩, 殊悵殊悵! 方以書役, 爲取靜便, 來住館人家, 而兄適鎖直, 無由穩晤, 劇悵! 自有使喚處, 而尺僮難得, 幸以兄之帶率一隷, 自明日限三日, 借送爲望. 餘在一奉, 姑不宣狀式. 卽日. 弟 秀輔 頓首. 弟之所住處, 卽東泮村李福齡家也."

14장. 반촌곡회, 성균관 학우와 동창생의 모임

1 안대회, 「담정그룹의 문학세계와 상업도시 한양의 도회지 문화」, 『민족문화연구』 98집, 2023, 13~35쪽.

2 김려, 『담정총서藫庭叢書』 12책 24권 18장, 사본, 「제경금소부권후題絅錦小賦卷後」, 국립한국문학관 소장.

3 정미년 반회 사건은 정민, 『서학, 조선을 관통하다』(김영사, 2022), 233~240쪽에서 그 과정을 자세히 설명하였다.

4 강세정, 『역주 송담유록』, 정민 옮김, 김영사, 2022, 46~49쪽.

5 『노암집魯庵集』 권3, 「이승훈의 모함으로 인해 공술하여 변론하는 상소因李承薰誣, 供陳卞疏」. 정민, 앞의 책 같은 곳 재인용. 제목 아래 '승정원에 이르렀으나 바치지 않았다到院不捧'라는 단서가 붙어 있어서 실제로는 상소문을 올리지 않았다.

6 정약용, 『정본 여유당전서』 권3, 「숙보를 제사 지내는 글祭菽甫文」, 336쪽. 제목 아래에는 "반촌 주인 김석태로 자는 숙보이다泮村主人金錫泰, 字菽甫"라

는 설명이 덧붙어 있다.

7   김종하, 「18세기 소북 시사 연구」, 성균관대학교 박사학위 논문, 2025, 227~238쪽.

4부. 반인의 흥망성쇠

15장. 지식과 교양을 갖춘 반인

1   안대회, 「조선 후기 여항문학閭巷文學의 성격과 지향」, 『한문학보』 제29집, 2013, 273~298쪽.

2   심계석沈啓錫 편, 『반림영화泮林英華』, 「반림영화서泮林英華序」, 성균관대 대동문화연구원, 영인본, 2019.

3   문집 『이재유고』에는 그 제목이 "효효재 김용겸 선생을 모시고 벽송정에서 놀다. 석사 이만운, 정랑 송익중, 정자 홍광일, 정자 신성진, 박사 장한철, 문외현감 남명학 및 반인 김희중, 주영창과 더불어 보여주신 당시의 운자에 따라 삼가 율시 한 수를 바치다(奉陪嘐嘐先生金用謙, 游碧松亭. 與李碩士萬運·宋正郎益中·洪正字光一·愼正字性眞·張博士漢喆·南文義溟學及泮人金喜重·朱永昌, 敬步所拈示唐詩韻, 一律追呈)"로 되어 있다. 이때 황윤석이 지은 율시는 "深游不待小車巾, 冉冉松陰自絶塵. 滿座風流南北客, 環橋名跡古今人. 著龜一代眞元老, 型範平生幸此身. 淸暇發舒知有度, 年年來酌太霞春"이다.

4   윤행임, 『해상청운海上淸云』 장8, 사본, 미국 버클리대 동아시아도서관 소장.

5   오세창, 『근역서화징』, 계명구락부, 1927, 197쪽.

6   조술도, 『만곡집晚谷集』 권1, 「김희중은 지체는 낮으나 바탕이 순수하다. 또 옛 예법을 말하기 좋아하여 어른을 좇아 많이 노닐었다. 그를 가상하게 여겨 시를 준다金喜重, 地卑而質醇. 且愛說古禮, 多從長者遊, 嘉以贈之」.

7   윤기, 『무명자집』 권2, 「반촌의 젊은이에게贈泮村少年」, 515쪽. 역자는 이 시가 1789년에 지어졌다고 추정하였다.

8   송일기, 「영락永樂 내부각본內府刻本 〈사서대전四書大全〉의 조선朝鮮 전래傳來와 유포流布」, 『한국문헌정보학회지』 48집, 2014, 97~116쪽.

9   이창헌, 「경판방각소설의 간기에 대한 연구」, 『한국문학논총』 43집, 2006,

69~106쪽.

10 유춘동, 「방각본 소설의 새 자료와 과제」, 『고전과해석』 17집, 2014, 59~82쪽.

16장. 반촌 주민의 시선집『반림영화』

1 심계석, 『대림산인미정고大林山人未定藁』권9, 「반림선시연泮林選詩宴 병서幷序」, 사본, 규장각 소장.

2 심계석, 위의 글.

3 심계석, 『반림영화』, 「반림영화서」.

4 홍익룡, 『반림영화』, 「상사생 송 선비의 원운을 받들어 화답한다[奉和宋上舍原韻]」.

5 박영석朴英錫, 「반림영화발泮林英華跋」, 위의 책.

17장. 문묘의 신주를 지킨 정신국

1 이옥, 『이옥전집』, 「문묘의 두 의로운 수복文廟二義僕傳」, 234쪽.

2 심규식, 「병자호란丙子胡亂 호성수복護聖守僕과 『정의사호성록鄭義士護聖錄』의 편찬 ─ 반인泮人을 구속하는 '사면천辭免賤' 이데올로기 ─」, 『한문학보』 41집, 2019, 241~298쪽.

18장. 반촌 제일의 훈장 안광수와 정학수

1 서명응, 『보만재집』, 「안광수전安光洙傳」.

2 안대회, 「노비, 한양의 스타 강사 되다: 서당 선생 정학수」, 『조선을 사로잡은 꾼들』, 한겨레출판, 2010, 235~250쪽에서 정학수의 생애를 추적하여 설명했다. 이 글은 그 내용을 참고하되 새로운 사실 위주로 보완하였다.

3 김종채는 시의 제목 아래에 "벽하 정학수는 우암 정예국의 후손이요, 죽헌 안광수의 문인이다壁下鄭學洙, 迂庵禮國之孫, 竹軒安光洙之門人"라는 설명을 덧붙였다.

4 조수삼, 『추재기이』, 안대회 옮김, 한겨레출판, 2010, 109~111쪽.

5 윤기, 『무명자집』, 「반촌의 젊은이에게」.

6 영남 남인인 남한조南漢朝도 『손재집損齋集』 권1에서 윤기와 같이 「송동에 들어가 정조윤 서당을 방문하였다入宋洞, 訪鄭祖胤書莊」라는 제목의 시를

썼다.

7 심노숭沈魯崇, 『자저실기自著實記』, 안대회·김보성 외 옮김, 휴머니스트, 2014, 483~484쪽. 또 임천상任天常의 『시필試筆』에도 등장한다.

8 신광수, 「아들에게 보낸 간찰」, 1775년 3월 17일(이병찬 편, 『석북 신광수가 간찰』, 충남대학교 충청문화연구소), 2011, 72~74쪽.

9 신광하申光河, 『진택집震澤集』 권3 장15, 「송동에서 박윤백과 이사현 등 여러분의 시에 차운하다宋洞, 次朴允伯·李士玄諸君」, 저자 소장 사본.

10 정조, 『정조어찰첩』 상권, 백승호 외 탈초 번역, 성균관대학교출판부, 2009, 82~85쪽.

11 김종채, 「재속만再續挽」의 제목 주석, 『반림영화』 15장.

19장. 근대 이후 성균관과 반촌의 변신

1 김경용, 「갑오경장 이후 성균관경학과와 경의문대經義問對 연구」, 『교육사학연구』 21권 1호, 2011, 1~37쪽; 「대한제국기 성균관사업시선成均館司業試選 연구」, 『교육사학연구』 21권 2호, 2011, 35~80쪽.

2 전계은인, 『대동학회월보大東學會月報』 8호, 「숭교의숙신창론」, 1908년 9월 25일.

3 김윤식, 『속음청사續陰晴史』 하권, 국사편찬위원회, 1960, 268~320쪽.

4 「學校歷訪: 私立崇正學校(四賢洞)」, 『매일신보』, 1914년 3월 14일; 「熱誠으로 結晶된 崇正校 신입한 교장 兪星濬씨의 노력과 六洞住民의 술 담배값으로 유지」, 『조선일보』, 1923년 3월 8일; 「崇正校의 維持」, 『조선일보』, 1923년 5월 8일.

20장. 마지막 불꽃 홍태윤과 박승환

1 일재생一齋生, 「경성행각京城行脚」 6, '경성동부京城東部의 고적古蹟과 현금現今의 발전發展' 4, 「교육상황과 생도기풍」, 『매일신보』, 1916년 3월 19일. 현대문으로 바꿔 인용하였고, 아래도 같다.

2 『매일신보』 1915년 6월 16일, 「漸次 蘇生되어가는 特種의 村」.

3 『승정원일기』, 고종 3년(1866) 9월 22일; 고종 8년(1871) 5월 25일; 조영준, 「반민의 경제생활과 현방」, 『성균관과 반촌』, 268~274쪽.

4 정교鄭喬, 『대한계년사大韓季年史』, '21년 갑신 10월[二十一年甲申十月]', 국사편찬위원회 조선시대사료 DB(https://db.history.go.kr).

5 『통감부문서統監府文書』 4권, 「우치다 촉탁의 보고內田囑託報告」. 국사편찬위원회 조선시대사료 DB(https://db.history.go.kr).

조선의 대학로
성균관 유생과 반촌 사람들

ⓒ 안대회 2026

초판 인쇄 2026년 1월 26일 │ **초판 발행** 2026년 2월 13일

지은이 안대회
책임편집 임혜지 │ **편집** 오동규
디자인 백주영 │ **저작권** 박지영 형소진 주은수 오서영 조경은
마케팅 정민호 서지화 한민아 이민경 왕지경 정유진 정경주 김혜원 김예진 이서진
브랜딩 함유자 박민재 이송이 박다솔 조다현 김하연 이준희
제작 강신은 김동욱 이순호 │ **인쇄** 더블비 │ **제본** 경일제책

펴낸곳 (주)문학동네 │ **펴낸이** 김소영
출판등록 1993년 10월 22일 제2003-000045호
주소 10881 경기도 파주시 회동길 210
전자우편 editor@munhak.com
대표전화 031)955-8888 │ **팩스** 031)955-8855
문학동네카페 http://cafe.naver.com/mhdn │ **트위터** @munhakdongne │ **인스타그램** @munhakdongne
북클럽문학동네 http://bookclubmunhak.com

ISBN 979-11-416-1509-3 03910

* 이 책의 판권은 지은이와 문학동네에 있습니다.
  이 책 내용의 전부 또는 일부를 재사용하려면 반드시 양측의 서면 동의를 받아야 합니다.
* 이 책에 사용된 이미지 중 일부는 저작권자를 찾지 못했습니다.
  저작권자가 확인되는 대로 정식 동의 절차를 밟겠습니다.
* 잘못된 책은 구입하신 서점에서 교환해드립니다. 기타 교환 문의 031)955-2661, 3580

www.munhak.com